사회적 재난의 인문학적 이해

사회적 재난의 인문학적 이해

1판 1쇄 찍은날 2023년 2월 20일
펴낸날 2023년 2월 25일

지은이 박민철 외
펴낸이 전영재
편집 박명희
펴낸곳 건국대학교출판부
등록 / 제 4-3 호(1971. 6. 21)
주소 / 05029, 서울특별시 광진구 능동로 120
전화 / 편집팀_(02) 450-3891~2 영업팀_(02) 450-3893
팩스 / (02)457-7202
홈페이지 / http://press.konkuk.ac.kr
e-mail / press@konkuk.ac.kr

찍은곳 네오프린텍㈜

정가 12,000원

ISBN 978-89-7107-773-3 03100

*** 본 책자는 교육부의 「대학혁신지원사업」 사업비로 제작되었습니다.**

사회적 재난의 인문학적 이해

박민철 · 김종곤 편

건국대학교출판부

머리말

과거의 재난들이 위생학 기술의 부족함으로 인한 것이라면, 오늘날의 재난은 산업적인 과잉생산에서 빚어지고 있다. 후기 산업사회 혹은 고도 근대성(high modernity)의 시대라 불리는 오늘날 재난은 설사 그것이 태풍이나 쓰나미, 가뭄, 홍수와 같은 자연재해의 형태를 띠고 있더라도 인위적인 재난(man-made disaster)과 결합되어 보다 큰 파괴력과 피해를 초래한다. 지구 환경이라는 전체 생태계에서 인간적 활동은 더 이상 묵과할 수 없는 치명적이고 심각한 불균형과 자연재해를 초래하는 주요 요인이 되고 있다. 유엔 재난위험경감사무국(UN Office for Disaster Risk Reduction, UNDRR)이 발표한 자료에 따르면, 2000년에서 2019년 사이에 전 세계적으로 7,348건의 주요 자연재해가 발생했다. 이는 1980년에서 1999년 사이에 발생한 자연재해 건수와 비교할 때 2배가량 증가한 수치다(뉴스펭귄, 2020.10.13.).

문제는 이와 같은 자연재해의 급격한 증가가 산업화와 함께 재편된 근대적 방식의 인간 활동과 긴밀하게 연결되어 있다는 점이다. 그런 이유로 2015년 유엔 재난위험감축 회의에서 발의한 센다이 프레임워크(Sendai Framework)는 '재난'을 보다 확장된 의미로 이해해야 한다고 제시하면서 재난이란 단순히 자연적으로 발생한 것이 아니라 자연에서 일어나는 사건과 인간적인 요인들의 상호작용의 산물이라고 규정한 바 있다(UNDRR, 2019: xii).

그러나 후기 산업사회가 처해 있는 위험은 자연재난만이 아니다. 더위를 가시기 위해 에어컨을 켜고, 추위를 막기 위해 온풍기를 켜고, 습기를 제거하기 위해 제습기를 틀고, 건조함을 달래기 위해 가습기를 작동시키는 현대문명의 생활 방식은 산업화가 만들어 낸 수많은 제품들에 둘러싸여 있으며, 수만 가지 화학물질들로 일상 곳곳을 채워 내고 있다. 유해성을 알 수 없는 이러한 화학물질들은 생활의 편리와 건강상의 이득을 위해 우리의 삶 속으로 들어오지만, 그에 못지않은 유해한 부수 효과들도 동시에 가져온다. 가령 주방기구나 생활용품에 자주 사용되는 스테인리스강이나 크롬 도금 제품들은 제작공정에서 크롬 먼지를 발생시키는데, 이 유독성 산화물에 장기간 노출되면 코뼈에 구멍이 뚫리는 비중격천공증을 비롯해 비강암과 폐암까지 발병할 위험성이 있다. 하지만 이 금속의 위험성을 인지하고 안전성을 확보하기 위한 정부의 노력은 20세기 후반까지 노출로 인한 피해의 규모와 비교할 때 상당히 더딘 행보를 보였다. 미국의 경우 1943년의 미국표준협회 권고안에 기초해 52㎍/m^3 이상의 노출을 금지한 이후, 노동자를 보호할 수 있는 적절한 수준인 1.0㎍/m^3까지 낮아진 것은 2004년이었다(데이비드, 2009: 166).

이처럼 오늘날 유해화학물질의 생산과 유통, 소비에서 폐기에 이르는 전 과정은 세계적으로 가장 우려되는 공중보건 문제로 떠오르고 있으며, 환경성 재난이나 기술재난 등을 초래하고 있다. 문제는 이와 같은 위험이 외부로부터 물리적이고 가시적인 형태로 닥쳐오는 것이 아니라, 경제적인 산업체제와 제도적인 관리체제 내부에서 비가시적이고 비인지적인 형태로 매번 새롭게 생산된다는 점이다. 생산과정이나 제조과정, 이후의 유통 및 소비과정에서 화학물질이 초래하는 위험성을 파악하기 위해서는 먼저 유해성 인지와 특정이 필요하며, 이는 지식에 대한 권위와 권력을 가진 전문가의 판단을 필요로 한다. 그런데 전문가 혹은 과학자의 판단은 때로는 그 연구를 재정적으로 후원하거나 이해관계가 있는 기업이 관계

될 경우 전문가의 연구 결과에 상당한 영향력을 행사하는 '펀딩 효과'를 낳기도 하며, 기업들의 소송을 유리한 방향으로 이끌기 위한 목적으로 연구가 진행되기도 한다. 또한 화학물질과 관계된 주요 행위자들은 이윤의 법칙과 경영의 논리를 따르는 경제적 영역에 속해 있기 때문에 제품이 생산이나 판매를 위한 사전승인 과정에서 정확한 정보를 숨기기도 하고, 위험성에 대한 정부의 적극적인 대처를 정치적 영향력을 통해 제어하기도 한다. 정부의 관리와 규제 시스템이 첨단 사업의 발달에 따른 신규 합성화학물질 제작 속도를 따라가지 못하는 것도 위험을 뒤늦게 발견하게 되는 주요 요인이기도 하다.

유엔환경계획(UN Environment programme)에 따르면, 수만 가지 화학물질 중 극히 일부만이 인체와 환경에 미치는 영향을 평가받은 상태이며, 어떤 화학물질은 반복적으로 시장에 출시되면서 때로는 광범위한 인체 노출 피해를 가져오기도 하는데, 사후에 위험성이나 유해성의 증거가 밝혀진 다음에서야 시장에서 축출된다고 한다(UNEP, 2019: 20). 이는 후기 산업사회로 지칭되는 현대사회가 인지할 수 없는 위험들에 둘러싸여 있으며, 대규모의 환경성 재난이나 기술재난이 보다 증가될 수밖에 없는 위험사회(Risk Society)라는 것을 말해 준다. 그런데 안타깝게도 위험사회에서 재난은 누구에게나 평등하지 않다. OECD가 2012년에 조사한 자료에 따르면, 2006년에서 2011년 사이 GDP 대비 재난으로 인한 경제적 손실의 비중은 중하위소득 경제국이 0.65%인 데 반해 하위소득 경제국의 경우는 4.86%의 높은 비율을 나타냈다. 또한 1991년 이후 상위소득 국가들의 재난 손실액이 0.2% 내외로 안정적인 데 반해, 하위소득 국가들의 재난 손실액은 1.91%에서 4.86%로 지속적으로 상승하고 있다(OECD, 2012: 14).

한국은 중상위소득의 경제국으로 2016년 OECD가 집계한 재난 발생 건수에서 평균을 약간 상회하는 사고율을 가지고 있다. 하지만 이러한 통계 수치는 그 이면에 한국 사회의 고질적이면서도 불균등한 위험 요소들을 품고 있는데, OECD는 한국이 지난 수십 년 동안 산업 및 보건안전 분야에서 '공중보건 비상사태'라고 할 수 있는 일련의 대형 사고를 경험했다고 평가한다(OECD, 2020). 1995년의 삼풍백화점 붕괴 사고, 2003년의 대구 지하철 화재, 2012년의 대구 화학물질 유출 사고, 2014년의 4·16 세월호 참사 등 사회적 재난에 속하는 이러한 대형 참사들은 한국의 안전과 보건 분야 정책들이 상당히 취약하다는 것을 보여주는 것으로, OECD는 한국 정부에게 보다 적극적이고 통합적으로 사회적 재난에 대비해야 한다고 권고하고 있다.

이런 상황에서 우리는 얼마 전 또 한 번의 비극을 경험하였다. 2022년 10월 29일 핼러윈 축제가 한창이던 이태원에서 압사 사고가 발생한 것이다. 밤이 되자 좁은 내리막 골목길에 수많은 사람들이 몰리면서 쓰러지기 시작하였고, 그 무게에 눌려 158명이나 사망하고 197명이 부상을 입었다. 축제의 현장은 한순간에 비명과 울부짖음으로 채워졌다. 사고가 발생하고 투입된 소방대원들과 의료진 그리고 시민들까지 합세해 쓰러진 사람들을 끌어내고 차가운 바닥 위에서 심폐소생술을 하였지만 역부족이었다. 시간이 갈수록 사망자는 늘어만 갔다. 믿기 힘든 장면이었다. 그 장면에서 겹쳐 보이는 것은 2014년 팽목항 앞바다에서 300여 명이 목숨을 잃은 세월호 참사였다.

이태원 참사와 세월호 참사가 겹쳐 보였던 이유는 단지 대량의 사망자가 발생했다는 데에만 있지 않다. 우리는 1994년 삼풍백화점 붕괴 사고나 1995년 성수대교 붕괴 사고를 겪었고, 경제 선진국의 대열에 들어선 21세기 한국이 재난 위험을 관리할 수 있는 시스템을 갖추고 있을 것이라 막연하게 믿었다. 하지만 그 믿음은 세월호 참사에서 무참히 깨졌다. 해운 회사는 이익을 위해 불법적으로 선박을 개조하였음에도 정부는 그것을 제대로 관리하지 못하였다는 점이 사고의 원인으로 지목되었다. 그리고 무엇보다 사고를 키운 것은 방관에 가까웠던 정부의 구조 실패였다. 대한민국 전체가 충격에 빠졌고 믿기 어려운 참극 앞에서 너도나도 할 것 없이 우리가 던졌던 비탄 섞인 물음은 '이것이 나라인가?'였다.

이태원 참사를 접하면서 우리는 세월호 참사 이후 달라진 것이 없다는 탄식과 함께 또다시 같은 외침을 내뱉고 있다. '이것이 나라인가?'라고. 이태원 참사 역시 충분히 예측 가능했고 방지할 수 있었음에도 정부는 또다시 사고를 미연에 막지 못했다. 지금까지 드러난 점만 보자면, 핼러윈을 맞아 수많은 인파가 이태원에 밀집될 것이라는 점이 뻔히 '예상'되는 상황에서 중앙정부와 지자체 그리고 경찰은 이에 대해 대비하지 않았다. 아니 그보다 더 앞서 사고 현장 주변 건물들이 불법적으로 증축되어 거리를 좁게 만들었는데도 시청과 구청은 이를 미처 감독하고 시정하지 않았다.

참사가 발생하자 사건을 축소하고 책임을 회피하기 급급했다. 정부는 이태원 참사를 참사가 아니라 사고로 명명하고자 했다. 사전적으로 보자면 '참사(慘事)'는 "비참하고 끔찍한 일"이며, '사고(事故)'는 "뜻밖에 일어난 불행한 일"을 의미한다. 수많은 사람들이 목숨을 잃은 상태에서 그날 발생한 일을 참사라 표현하는 것은 별 무리가 없어 보인다. 하지만 정부는 이 문제에 대해 매우 민감하게 반응하면서 사고와 참사의 의미를 구분하게 하였다. 그것은 아마도 '사고'는 '뜻밖에'라는 우연성을 포함하고 있기 때문으로 보인다. 하지만 이태원 참사 역시 세월호 참사와 마찬가지로 국가가 수행해야 할 의무를 다하지 않아 발생한 비극이라는 점에서 우연한 사고(incident)라 할 수 없다.

그것은 어찌 되었든 간에 비참하고 끔찍한 일이 맞으며 나아가 예측 가능성을 지닌 재난(disaster)이라는 점은 확실하다. 어원적으로 보자면 재난을 의미하는 disaster는 aster(astrum; 별, 행성)에 dis-(반대·부정)가 결합되어 만들어진 용어로 어두운 밤길에 길잡이가 되어 주던 별이 갑자기 사라진 것이라는 의미를 지닌다. 어두운 밤이 되면 어김없이 길을 밝혀 줄 것이라

믿었던 별빛이 사라진 상황을 상상하면 될 것이다. 재난은 한순간에 세상이 암흑이 되고 한 치 앞도 분간할 수 없는 상태와 마찬가지로 일상적이고 정상적인 삶의 궤도를 벗어나 예상치 못한 충격과 공포를 안겨 주는 사건을 지칭한다. 앞서 예를 들었던 이태원 참사와 세월호 참사 역시 느닷없이 발생하고 일상을 뒤집어 놓는 사건으로서 재난이다. 하지만 '자연적 재난(natural disaster)'은 아니다. 예측 불가능했거나 자연적 사건이 아니기 때문이다. 더구나 정부의 재난 방지와 구조 실패, 자본의 이익 추구, 생명과 안전을 간과한 부정의(不正義) 등으로 인해 발생하였기 때문이다.

따라서 그것은 '비자연적 재난(unnatural disaster)'이라는 의미에서 '사회적 재난(social disaster)'이라 부를 수 있다. 물론 사회적 재난은 자연재난의 요건을 배제하지 않는다. 2005년 8월 미국 뉴올리언스 등지에서 발생한 카트리나 재난이 그것의 좋은 예일 것이다. 자연적인 허리케인에 의해 시작되었지만 사람들을 제때에 구조하지 못하였을 뿐만 아니라 수용 시설 부족으로 수재민을 제대로 돌보지 못하면서 사망 1,330명(이재민 약 150만 명, 주택 파괴 30만 채)이라는 결과를 낳았다. 카트리나 재난은 그 발단이 자연적인 것처럼 보이지만 사실상 허리케인이 재난이 된 것은 재난관리 시스템의 총체적인 부실로 인한 것이었다.

여기에서 주목할 점은 사회적 재난은 곧 '사회적 취약성(Social Vulnerability)'의 결과라는 점이다(고동현, 2015: 84-85). 세월호 참사가 발생했을 때 우리는 이미 이 점을 지적한 바가 있다. 배가 침몰한다고 해서 사람들이, 그것도 수백 명이 죽으라는 법은 없다. 대형 참사는 사회적 구조가 사건의 원인을 제공한 것이기는 하지만, 사건 발생 이후 사람들을 안전하게 대피시키거나 구조를 하지 못한 데에서 발생하는 참극이다. 재난의 시작과 그 결과 사이에 구조/대응이라는 또 하나의 항이 문제로 개입되어 있다는 것이다. 사회적 재난은 바로 그러한 사회적 취약성이 원인으로서 인과관계에 개입한다는 점을 강조하는 용어이다. 그렇기에 '사회적 재난'은 재난을 방지하거나 재난 발생 시 피해를 최소화하기 위한 대응 시스템이 미비하거나 작동하지 않았을 때 발생하는 것이라는 점을 분명하게 한다.

이는 재난관리 시스템을 구성하는 일련의 과정(예측/방지/구조/대응)이 단지 재난과 관련한 재원이나 기술의 부족만을 의미하지 않는다는 점을 의미한다. 경험적으로 알 수 있듯이 재난관리 시스템이 제대로 작동하기 위한 재원과 기술 역시 그 사회가 그것에 얼마만큼의 가치를 두느냐의 문제와 연관되기 때문이다. 가령, 모든 사회 구성원의 생명과 안전을 그 무엇보다 중요하게 생각하는 사회에서는 당연히 재난 관리를 위한 사회적 투자가 클 수밖에 없다. 그런 사회에서는 재난 방지와 대응을 위한 인프라뿐만 아니라 사회적 안전망을 위협하거나 훼손하는 것을 법적으로, 도덕적으로 엄격하게 규제하는 문화가 존재할 가능성이 크다. 그렇기에 사회적 재난은 언제나 정치·문화·경제 등의 사회구조적 요인과 불가분의 관계에 있는 것이다.

이는 사회적 재난이 역설적이게도 한 사회가 갖추고 있는 사회구조의 민낯을 드러내 보이는 계기가 된다는 것을 의미한다. 앞에서도 말했듯이 '이것이 나라인가?'라고 묻는 것은 참사와 동시에 우리 사회가 지닌 문제점과 대면하였기 때문이다. 세월호와 이태원 참사 발생 이후 사람들이 충격에 휩싸였던 이유는 사람들이 추구하는 가치와 믿음에 균열이 발생하는 것을 경험하였다는 데에 있다. 예를 들어, 안전망 구축을 위한 예산 감축, 정경유착, 성과주의나 책임회피에 익숙한 관료주의, 정치인과 관료집단의 도덕적 해이 등 우리 사회가 뿌리 뽑고자 하였던 수많은 문제가 고구마 줄기처럼 모습을 드러내는 것이 바로 참사라는 것이다. 요컨대, 사회적 재난은 위험감행(risk tasking)에 대한 대비 없음, 안전에 대한 규제 양보, 단일순환학습의 한계를 주요 요소로 삼는다는 점에서 단순히 하나의 요인이 아니라 이미 과거에서부터 축적되어 온 다양한 요인들이 결합된 복합성의 성격을 지닌다.

무엇보다 참사를 미연에 방지하는 것이 중요하겠지만, 참사 이후 피해자의 회복과 진상규명, 책임자 처벌 그리고 우리 사회의 구조적 문제점을 진단하고 재발 방지 대책을 세우는 것 또한 무척이나 중요하다. 이는 상처 입은 피해자의 신체와 마음을 치유하는 것이자, 동일한 사건이 우리 사회에서 또다시 반복되지 않기 위한 최소한의 조치라고 할 수 있다. 하지만 지난 참사에서 보았던 것은 자연적 사고로 상징화하거나 꼬리자르기식 책임 전가, 부실 대응과 진실의 은폐였으며, 더 나아가 사회적 스티그마로 피해자와 유가족을 폄훼하는 것이었다. 피해자와 유가족은 참사 이후에도 인권을 침해당하고 재차 폭력의 피해자가 되는 것이다. 따라서 사회적 재난은 단지 소방안전의 문제로만 다룰 수 없다. 참사의 발생에서부터 대응과 수습에 이르기까지 정치적이고 사회적인 영역의 문제이다. 사회적 재난은 시간적으로 과거만이 아니라 사건 이후의 정치 문화적 영역에서의 관계성의 영향을 받으며, 한 사회의 성격을 변화시킬 때 그 반복을 정지시킬 수 있는 것이다.

이 책은 이러한 문제의식에 바탕하여, 우리 사회가 좀 더 안전하고 인권이 지켜지길 바라는 마음에서 기획되었다. 출판을 위해 힘써 주신 건국대학교출판부 관계자 여러분께 감사드린다. 그리고 공동연구와 집필에 참여해 주신 저자분들에게도 깊은 감사의 말씀을 드린다.

2023년 2월

차례

1장

위험사회와 사회적 재난

1 후기 산업사회의 '위험'

세계화와 신자유주의가 보편적인 전 지구적 조건으로 정착된 21세기에 들어와서는 국가권력의 오남용(독재정부 하에서의 민간인 학살이나 인권 탄압)을 넘어선 보다 복잡하고 다층적인 성격의 사건들이 일상적 삶을 파괴하고 있다. 예를 들어 일본의 미나마타병 사건이나 인도의 보팔 가스 참사, 러시아의 체르노빌 원전 사고나 일본 후쿠시마의 원전 사고 등은 정치 이데올로기가 개입되지 않은 참사들이지만 자연적이거나 우발적인 성격으로만 치부할 수 없는 인위적이고 사회적 성격으로 인해서 사람들에게 충격을 안겨 주었다.

21세기에 주목되기 시작한 이러한 참사들은 현대사회가 구동하는 특정한 조건들로 인해서 발생했다는 점에서 '위험사회'라는 개념 속에 다루어져 왔다. '위험사회'란, 근대화 과정에서 성장한 과학기술이 일상적인 삶의 방식을 재편하면서 사회적 생산과정 안에서 위험이 제조되는 사회체제를 의미한다. 울리히 벡(Ulrich Beck)에 따르면 산업자본주의가 고도로 발달한 후기 근대사회에서는 국가 대 국가 간 대립이나 국가 대 시민의 갈등 같은 과거의 외부적 위험보다는 사회체제 내부에서 위험이 생산된다(Beck, 1986: 52).

우선 벡은 '위험(risk)'을 자연적 재난과 대비되는 것으로 성공적인 근대화 과정에서 인위적으로 생산된 것이며, 정치·경제·사회·기술적 변화의 산물로 규정한다. 또 위험은 과학기술의 발전과 아울러 산업 발전 과정에서 '비의도적으로' 파생된 위험이면서도 유용성을 목적으로 한 '의도적인' 기술적·경제적 결정의 산물로 본다. 하지만 위험은 재난이나 재앙이 아니다. 위험은 재난 혹은 재앙에 대한 예상으로써 현실화되지 않는 것이자 현실화되는 것을 막고 싶은 것이라는 의미를 지닌다. 따라서 위험은 재난을 일으키는 문제의 원인이기도 하지만 재난을 방지하기 위해 위험을 관리하고 통제하는 등 문제 해결책을 마련하게 하는 원천이 된다.

그런데 위험사회에서 위험은 즉각적인 가시성과 인식능력을 벗어나 있는 경우가 많다. 이 경우 위험은 과학지식의 영역에 자리 잡고 있다. 하지만 이것이 순전히 독립적으로 위험이 만들어진다는 것을 의미하지 않는다. 과학지식이 한 사회의 문화와 이데올로기로부터 완전히 자유로울 수 없는 만큼 위험 역시 사회적으로 구성될 여지가 많다. 예를 들어 2012년 밀양 송전탑 건설을 추진하는 과정에서 고압 전류가 주민들의 건강권을 침해할 우려가 있는지가 사회적 쟁점이 된 바가 있다. 이때 위험의 유무는 사회적 공론장으로 불려 나오고, 기존의 과학지식의 오류를 반박하거나 새로운 증거를 제시하면서 치열한 논쟁이 벌어지기도 한다. 또 사안에 따라서는 시민사회의 반발에 부딪히고 법정 공방을 하기도 한다. 그러한 점에서 위험은 과학기술자, 법률전문가, 정책전문가, 시민사회 등이 참여하는 가운데 '구성되는 것'이라 할 수 있다. 즉, 위험의 실재성과 위험 정의 간에는 괴리가 발생할 수 있는 것이다. 다시 말해 위험이 존재한다고 하더라도 사회적으로 위험으로 규정되지 않을 수도 있다는 것이다.

울리히 벡은 이러한 위험이 과학기술이 고도로 발달한 후기 근대사회에서 증가해 왔다고 본다. 후기 근대사회에서는 사회체제 내부에서 더 나은 기술, 더 나은 시장에서의 생산이 다양한 위험을 형성해 왔다. 다시 말해, 과거의 인류가 홍수나 가뭄, 지진, 허리케인, 기근 등과 같은 외부의 자연적 위험에 위협받았다면, 사회형태가 변화하면서 이전에 전혀 알려지지 않았던 새로운 위험이 지속적으로 만들어져 왔다는 것이다. 그렇다고 과거부터 존재했던 자연의 위험이나 건강과 생명에 위협이 되는 위험이 새로운 기술 위험과 명확하게 단절되어 발생한다는 것은 아니다. 벡이 보기에 이 둘은 분리되기보다는 오히려 혼합된 형태로 나타난다. 예를 들어, 무분별한 벌목은 가뭄이나 홍수를 만들 수도 있으며, 공장이나 농가의 불법적인 폐수 방류는 주변 토지와 지하수를 오염시켜 병균에 사람들이 취약하게 만들 수도 있다. 하지만 벡이 말하는 새롭게 '생산된 위험(manufactured risks)'은 재난으로 이어질 확률은 낮지만, 재난 발생 시 피해의 규모는 가늠할 수 없다는 특징을 지닌다. 그런 이유로 정책결정자와 행정관료들은 종종 기술적 무오류성이라는 교리를 설파하면서 새로운 위험을 합법화하기도 한다. 체르노빌과 후쿠시마 원전 사고를 우리는 과거에 목도하였음에도 원전 확장을 주장하는 사람들은 그러한 사고를 방지할 통제기술이 충분하며 사고 발생의 확률이 거의 없다고 주장한다.

그러나 위험사회에서 발생하는 수많은 재난들은 이미 무오류성의 교리에 기대어 엄격한 기술적 요구 사항을 부과한 상태에서 위험을 승인한 것이라는 점에서 정부나 기업이 새로운 위험에 대해 주장하는 기술 무오류성의 논리는 경험적으로 진실이 아니다. 실제로 오늘날 종종 발생하는 철도 사고만 보더라도 그렇다. 다행히 대규모 사고는 아닐지라도 고속철도가 탈선했다는 아찔한 뉴스를 우리는 심심치 않게 접한다. 19세기부터 몇몇 저명한 철도 엔지니어들은 철도 사고가 원인을 확인할 수 없는 수수께끼라든지, 가장 작은 힘으로도 큰 파괴력을 야기할 수 있다는 등 위험의 예측 불가능성(uncertainty)과 기술의 불안정성을 지적한 바가 있는

데, 지금도 그러한 지적은 유효한 듯 보인다. 더구나 오늘날 우리가 일상적으로 사용하는 자동차와 기계들은 수많은 부품을 사용하여 매우 복합적인 프로세스를 적용시킨다는 점에서 예측 불가능성은 더욱 강화되고 있다 해도 과언이 아닐 것이다.

2 위험사회의 지구화

울리히 벡은 세계화 시대에 전 지국적인 위험을 가져온 것은 자본주의의 승리라고 진단한다. 자본주의 시대는 우리의 삶을 더 안전하고 편안하게 만들려고 할수록 역설적이게도 우리의 삶을 더 위험하게 만들어 왔다는 것이다. 대량생산 체제를 갖춘 산업자본주의는 무분별한 벌목을 일삼고 독성 폐기물 및 산업 유해가스를 배출하며 화석연료 사용을 증가시켰다. 그 결과 불규칙한 기후 변화, 해수면 상승, 해일 및 쓰나미 등으로 인한 위험이 생산되었다. 하지만 더 큰 문제는 전 세계에서 벌어지고 있는 그러한 위험의 정확한 원인을 파악하는 것이 불가능하며, 그에 대한 뚜렷한 해결책을 내지 못한다는 점에 있다.

뿐만 아니라 산업자본주의적 생산 시스템은 인간의 건강과 생명을 심각하게 위협하는 위험을 생산해 왔다. 가령 식품 제조 부문의 경우 식량의 대량생산을 위해 사용되는 화학 살충제, 제초제, 비료 그리고 동물(소, 돼지, 닭 등)에 주입되는 호르몬제와 항생제는 암을 비롯해 각종 질병을 야기하는 것으로 보고되고 있다. 또 오존층이 파괴되고 그에 따라 태양 노출량이 증가하면서 세계 여러 지역에서 피부암 위험 역시 증가하고 있다. 예측할 수 없는 기후 상황과 유전자 조작 식품, 환경 파괴 등 모든 형태의 생산된 위험이 인류의 건강과 생명을 위협하는 최대 위험이 되고 있다.

벡은 이러한 새로운 위험을 경고할 로드맵이 없다는 점에 우려를 표한다. 왜냐하면, 앞서 말했듯이 위험사회의 위험은 예측 불가능성이라는 특징을 지니기 때문이다. 그렇기에 위험은 이제 일상적인 선택과 도전의 문제가 되고 말았다. 위험의 인과관계에 대해 명확한 답을 내릴 수 없다 보니 개인들이 어떤 삶의 방식을 선택해야 하는 건지, 또 선택한 삶의 방식이 자신에게 심각한 위험이 될 건지 각자의 방식대로 위험에 대처할 준비를 해야 한다는 것이다. 벡은 다음과 같이 말한다. “개인은 스스로 글로벌 세계의 불확실성에 대처해야 한다. 여기서 개인화는 전문가 시스템이 위험을 관리하지 못했기 때문에 만들어진 결과이다. 과학도, 정치도, 대중매체도, 사업도, 법도, 군대도 합리적으로 위험을 정의하거나 통제할 수 있는 위치에 있지 않다. 생산 및 소비가 우리 자신의 건강과 자연환경에 부정적인 영향을 미칠 수 있다면 어떤 종류의 식품 및 원자재를 사용해야 하는지 알 수 없다.”

하지만 벡이 보기에 위험은 세계적으로 발생하고 있으나 그것이 미치는 영향력의 크기는 모든 국가에 평등한 것은 아니다. 지구적 위험은 특히 개발도상국에 심각한 문제를 안겨 주기 때문이다. 세계의 부를 대부분 차지하고 있는 선진국에 반해 개발도상국은 만연된 빈곤과 인구 과잉 그리고 부적절한 교육 및 의료 시스템으로 인해 더 큰 위험에 노출된다. 개발도상국에서는 뎅기열(dengue fever)과 일본뇌염, 콜레라, 급성설사병 등 기후의 영향을 많이 받는 질병이 더 만연하다. 하지만 이러한 현상은 환경 파괴와 기후변화 등 세계적인 문제와 관련이 있기 때문에 단지 빈곤 문제로 환원할 수 없다. 빈곤은 지역적으로 세계적 위험을 가중시키는 변수일 뿐이다.

울리히 벡은 위험사회를 조장하는 요인들로 자연환경의 변화 외에도 고용 패턴의 변화, 금융 위기 및 부패, 전통과 관습의 영향 감소, 모든 수준의 부패와 범죄율 증가, 전통적인 가족 패턴의 붕괴, 개인 관계의 민주화 등 그 이전과 구분되는 경제·사회·문화 시스템의 변화가 위험을 생산한다고 본다. 전통사회보다 근대산업사회는 개인의 미래가 훨씬 더 유동적이기 때문에, 개인이 내리는 모든 종류의 결정은 위험을 초래할 확률이 더 높아졌다. 끊임없이 변화하는 세계에서 어떤 선택이 안전할지 예측하기 힘들다. 한마디로 위험사회는 모든 것이 변화한다는 사실만이 변화하지 않는 '액체 사회(liquid society)'에서 무엇이 위험한지 그리고 안전한지 예측할 수 없다는 것이다. 그렇기에 오늘날 위험 관리 전문가(중매쟁이, 투자설계사, 진로 컨설턴트 등)는 가장 가치 있는 직업 중 하나가 되었다.

이러한 위험사회의 특징은 어떤 특정한 국가에 한정되지 않는다. 벡은 오늘날의 위험이 공간적, 시간적, 사회적으로 제한된다고 보지 않는다. 위험은 모든 국가와 모든 계층에 그리고 전 세계적으로 영향을 미친다. 건강이나 환경과 관련된 위험은 국경을 넘나들며, 지구촌 어디에서나 테러나 전쟁이 생명을 위협하고 있다. "우리는 전 세계적으로 위험이 도사리고 있는 무서운 새천년에 살고 있다. 출근길에 테러리스트에게 폭격을 당할 위험이 있다. 무사히 하루를 보낼지라도 조류독감이나 광우병에 걸리거나 쓰나미, 허리케인에 휩쓸려 사라질 위험이 있다(울리히 벡, 2000)." 뿐만 아니라 선진국이나 개발도상국 모두 원자력 발전소를 보유하고 있다는 점은 중요한 또 하나의 위험 요소이기도 하다. 1968년 총 56개국이 핵무기 보유국의 증가를 방지하려는 목적에서 핵확산방지조약을 맺었지만, 원자력은 여전히 에너지 생산의 주요 원천이다. 핵분열 발전으로 인한 일상적인 건강 위험이나 온실가스 배출은 석탄 연료 발전에 비해 작지만, 방사선 누출 사고와 같은 위험을 안고 있다. 세계적 위험사회에서 안전한 곳은 없는 것이다.

3 참사와 책임성의 모호함

문제는 위험이 막대한 인명 피해나 대규모 파괴를 초래하는 사건, 즉 참사로 발생할 때 원인 규명이나 책임소재, 피해복구, 피해자에 대한 배·보상 등에 있어서 이전의 국가범죄를 다루는 방식과는 다른 형태의 보다 복합적이고 다층적인 접근을 필요로 한다는 데 있다. 국가범죄는 국가권력의 책임 주체와 그 대상자에 따라서 상대적으로 명확한 가해자와 피해자의 범주를 갖고 있으며, 그에 따라 누구에게 책임을 물어야 하고 피해복구의 주체는 누구인지 분명하게 드러나는 측면이 있다. 반면 보팔 가스 참사 같은 사회체제 내부에서 발생한 참사는 그로 인해 발생한 피해의 규모나 범위가 지역적 단위를 넘어서 국가 단위, 혹은 그 이상의 지구적 단위까지 영향을 미칠 수 있음에도 불구하고, 직접적인 경제적·물리적 피해뿐만 아니라 간접적이고 사후적인 중층적 피해들(인적, 지역적, 지구적, 환경적 피해들)을 유발했음에도 불구하고, 운영주체와 관리주체, 사용주체 등이 복잡하게 구분되어 있어서 그와 관련한 책임을 누가 져야 하는지 모호하게 만들거나 희석시키는 특징이 있다. 벡은 이와 같은 상황을 책임의 불확실성, 조직화된 무책임(organized irresponsibility)이라고 표현하는데(Beck, 1986: 6), 중요한 점은 이와 같은 책임의 분업화가 앞서 보았다시피 국가 단위를 초과하는 세계경제 시스템과 전문 관료 시스템 속으로 흡수되면서 결과적으로는 피해자들의 원통함과 법률적 공방만이 남게 되었다는 것이다.

안타깝게도 벡의 이런 진단은 대한민국에도 예외가 아니다. 아니, 오히려 급속한 근대화 과정을 겪은 대한민국에서 보다 치명적으로 발생해 왔다. 식민지배, 분단, 전쟁, 군사독재 등을 겪어야 했던 대한민국은 경제적 근대화의 흐름을 뒤늦게 따라잡기 위해 1960년대에서 1980년대에 걸쳐 국가 주도의 산업화를 집약적으로 수행했다. 군대식 속도전으로 이뤄진 이와 같은 경제적 성장은 '압축적 근대화'(노진철, 2004), '폭압적 근대화'(홍성태·안홍섭 외, 2006)라는 평가를 받을 만큼 다기한 문제들을 초래할 수밖에 없었는데, 그중 하나가 잦은 사고들과 참사 발생률이다. 대표적인 예로 90년대 초반만 살펴보아도 낙동강 페놀 오염 사고(1991년), 성수대교 붕괴 사고(1994년), 삼풍백화점 붕괴 사고(1995년), 씨프린스호 기름 유출 사고(1995년), 대구 지하철공사장 가스폭발 사고(1995년) 등 사회 곳곳에서 대형 사고와 참사들이 발생했는데, 모두 산업화 과정의 구조적 취약성을 드러내는 것들이었다.

한 사회가 참사를 인식하고 이에 대해 대응하는 방법은 국민의 생명과 안전에 대한 국가의 이해와 책임을 드러낸다는 점에서 그 사회의 민주적 역량과 관계된다. 2000년대 이전까지 한국에서 참사는 사고를 수습하고 피해자를 구출하는 사건 수습 중심의 접근법을 취해 왔다. 참사와 관련한 정책은 정부와 전문가들에게만 맡겨졌고, 피해자들에 대한 정부의 대응 또한 소극적이고 제한적인 형태로 접근되었다. 하지만 2000년대 이후로 이런 접근 방식과 정부의 대응은 몇 번의 참사들(2003년의 대구 지하철 참사, 2007년의 허베이 스피리트호 기름 유출 사고)을 통해서 참사에 대한 근본적으로 변화된 시각을 차차 요구받게 되었다. 위험사회에 대한 사회 전반의 인식이 높아지고 생명과 안전에 대한 정부의 포괄적인 책임 범위 확대에 대한 요구가 본격적으로 터져 나온 것은 2011년의 가습기살균제 참사와 2014년의 세월호 참사가 기폭제가 되었다고 할 수 있다.

'재난(disaster)'이라는 용어는 문자 그대로 어두운 밤길에 길잡이가 되어 주던 별이 갑자기 사라진 것을 의미한다. 재난이란 규모가 크든 작든, 집단적인 것이든 친숙한 것이든 사고의 발생을 예상하지 못했기에 충격과 당혹감을 주는 것이다. 또한 기존의 질서나 방향처럼 길잡이가 되어 주던 축을 상실함으로써 한마디로 일상적이고 정상적인 삶의 궤도에서 이탈하게 되어 버리는 것이기도 하다(Clark, 2005: 384). 대한민국에서 2011년의 가습기살균제 참사와 2014년의 세월호 참사는 모두 재난이라고 명명될 만큼 사회적인 충격을 주었다. 사건 발발의 원인이나 특성에 있어 상당한 차이가 있음에도 불구하고 이 두 사건은 우리 사회가 정상성의 이면에 감춰 두고 있었던 사회적 시스템들의 취약성을 노출시켰으며, 국민의 생명과 안전에 대한 대한민국의 부조리와 부정의를 목도하게 해 주었다.

특히 사건 직후 며칠에 걸쳐 전 국민이 미디어를 통해 해경의 구조 실패와 정부의 무능을 지켜볼 수밖에 없었던 세월호 참사는 시민들로 하여금 참사를 이해하고 이에 대응하는 방식의 전면적인 변화를 이끌어 냈다. 기존에는 사적인 영역에 머물렀던 추모가 공공의 영역으로 옮겨졌고, 관료제 시스템에 의존하던 구조나 구호가 시민들의 적극적인 비판과 감시의 대상으로 인식되었다. 구조와 구난에 집중돼 왔던 정부의 책임을 보다 폭넓은 층위로 확대할 것을 요구하는 여론이 형성되면서 참사와 관련한 국가의 공권력 수행 방식이나 정부의 정책 등이 사회적 폭력을 유발하거나 가중시키는 '국가범죄형 사회재난'이라는 개념을 탄생시켰다(김명희, 2019: 148). 또한 피해자들과 연대하는 자발적 시민들과 시민사회 단체들의 활동이 적극적으로 전개되면서 집단적 추모의 감정으로 머물렀던 사회적 애도가 진상규명과 책임 처벌, 전면적인 사회변화를 촉구하는 사회운동으로서의 '정치적 애도'(유해정, 2018) 또는 '추모의 정치'(김명희, 2019)로 전환되었다.

4 정치적 애도 또는 추모의 정치

일반적으로 재난은 사고를 발생시킨 직접적 요인들의 관점에서 환경재난이나 기술재난 등으로 분류되며, 이후 이차적으로 발생하는 심리적 피해나 지역사회의 붕괴, 사회경제적 피해 등이 지속되거나 심화되거나 확산된다. 앞서 말하였듯이 사회적 재난은 참사에 대한 정부나 관계 당국의 대응과 공동체 구성원들 간의 이에 대한 기대가 현저하게 어긋나는 것을 인지함으로써 사회 구성원들이 이를 개별 사건이 아니라 자신이 속해 있는 사회체제 내부의 취약성을 드러내는 일종의 기표로 인식하게 만든다. 사회적 재난이 공공성의 측면에서 접근되어야 하는 이유는 그것이 사회체제의 불완전성에 대한 사회적 인식이자, 공동체 전체에 잠재적 위험을 안겨 줄 수 있는 공공의 위험이기 때문이다. 사회적 재난에 대한 사회운동은 이런 측면에서 참사에 대한 피해수습이나 복구를 넘어서 실망스러운 현실을 공동체에 대한 기대치로 끌어올리고자 하는 정치투쟁을 포함하게 된다. 또한 유사 사건들이 재발하지 않도록 사회적 기억을 보존하고자 하며, 이에 대한 보증을 국가에게 요구한다.

추모사업은 한 사회가 재난을 기억하고 성찰하는 방편 중 하나이다. '정치적 애도,' '추모의 정치'라는 표현들이 모두 기억에 대한 의무를 포함하고 있는 것은 기억이 과거를 하나의 텍스트로 기록하는 것이 아니라 미래적 방향의 사회체제의 변화를 지향하기 때문이다. 유엔 문화권 특별보고관 파리다 샤히드(Farida Shaheed)는 제25회 유엔 인권위원회에 제출한 보고서에서 "형사사법과 회복적 정의가 성공하기 위해서는 제도를 변화시키고 문화적 실천과 개인의 견해 두 가지 모두의 변화에 도움을 주는 특정한 문화적 권리를 포함한 보다 확장된 과정을 포함해야 한다"(2014: 3)고 제시한 바 있다. 국가범죄의 기념화 작업에 대한 국제적 규범들을 제시하는 이 보고서는 국가의 책임을 강하게 요구받는 사회적 재난에도 많은 참조점을 준다. 사회 전체에 심각한 재난을 초래한 참사들은 국가범죄와 유사하게 피해 당사자뿐 아니라 그 사회 구성원 전체에게 돌이킬 수 없는 심리적 트라우마를 남긴다. 또한 언제든 유사재난이 초래될 수 있는 위험사회는 정책이나 제도의 변화 같은 사회체제의 개편을 필요로 하고, 추모가 수행하는 기억의 명령인 '다시는 안돼(Never Again!)'라는 문화적 실천을 통해서 이를 촉진할 수 있다.

4·16 세월호 참사와 가습기살균제 참사 그리고 이태원 참사는 이와 같은 정치적 애도가 진행 중인 현재적인 사건들이다. 이 중 4·16 세월호 참사는 2017년 7월 26일 개정한 「4·16세월호참사 피해구제 및 지원 등을 위한 특별법」 제36조에서 희생자들에 대한 추모와 해상 안전사고 예방 교육을 위해 ▲추모공원 조성, ▲추모기념관 건립, ▲추모비 건립, ▲해상 안전사고 예방 훈련시설 설치를 규정하고 있으며, 2020년 9월 10일 일부 개정한 시행령에서는 피해구제 대상에 4·16 세월호 참사와 관련된 구조 및 수습, 선체 인양작업에 참여했다가 사망하거나 부상을 당한 민간 잠수사들을 포함시켰다. 이러한 법 개정에 맞추어 서울특별시 은평구의회는 세월호 참사 희생자 추모사업과 관련한 조례를 제정하면서, 희생자의 범위에 '구조에 참여한' 자를 포함시켰다(경향신문, 2020. 9. 24.). 세월호 참사는 피해자 유가족들의 적극적인 행동과 시민단체들의 협력, 일반 시민들의 동참으로 대형 참사에 대한 기존의 접근 방법인 '사고-보상-의료적 치료' 프레임을 '사건-진실-사회적 치유'의 프레임으로 변화시켰으며(김명희, 2019), 사회재난을 해결하는 과정에서 추모가 지니는 중요성을 각인시킴으로써 우리 사회에 새로운 이정표를 만들어 나가고 있다.

반면 가습기살균제 참사는 사회적참사특별조사위원회(이하 '사참위')가 2020년 9월 28일 밝힌 통계에 의하면, 피해사망자가 1,593명이며, 피해신고자는 6,880명, 건강피해자만 49만 명에서 56만 명에 이를 것이라고 추정되는 국내 최대 최악의 환경성 참사이다. 가습기살균제 사건은 2011년 8월 31일 보건복지부 산하 질병관리본부의 중간보고를 통해서 처음으로 언론에 알려졌다. 몇 년 전부터 어떤 치료에도 반응하지 않는 원인 미상의 호흡부전과 폐섬유화 증상의 임산부들이 집단으로 중환자실에 입원한 것을 심각하게 여긴 아산병원 의료진들이 2011년 4월 25일 질병관리본부에 역학조사를 의뢰했는데, 원인 추정 물질에 대한 질병관리본부의 조사발표로 밝혀진 것은 가습기 사용 시 소독을 위해 첨가하는 살생물제, 즉 가습기살균제였던 것이다. 호흡기를 통해 인체에 심각한 영향을 미칠 수 있는 살생물제를 생활화학제품으로 만들어 출시한 것이 1994년부터라는 점과 2000년대에는 가습기살균제가 일반 가정에서뿐만 아니라 요양원, 병의원, 군부대, 사무실 등에서도 광범위하게 사용되는 건강관리 필수품으로 정착되어 가는 중이었다는 점을 고려하면, 이 참사의 피해는 막대할 수밖에 없었다.

하지만 가습기살균제 참사는 2016년 초반 이전까지는 상대적으로 사회적인 관심에서 밀려나 있었고 피해신고나 피해조사도 적극적으로 이루어지지 않았다. 사참위가 발표한 자료에 따르면, 2011년 1월부터 2015년 12월까지 3차에 걸쳐 진행된 조사에서 총 피해신고 건수는 1,282명이었던 데 반해, 2016년 4월 말부터 2017년 2월 초까지 신고된 피해 건수는 4,150명이었다(가습기살균제피해지원 종합 포털 홈페이지). 이는 2016년 초반 검찰 수사가 본격화되면서 김앤장이라는 대형 로펌의 전방위적인 로비 사실과 서울대 연구팀이 흡입 독성 실험 결과를 조작하고 은폐한 사실이 밝혀지면서 사회문제로 공론화되고, 제품 사용자들이 뒤늦게 피해 관련성을 의심하게 됐다는 것을 짐작하게 해 준다. “2011년 질병관리본부가 가습기살균제에 대한 역학조사 결과를 발표하기 전에 실시한 조사에 따르면, 도시 거주 일반인구의 37.2%가 가습기를 사용했고 18.1%가 가습기살균제를 사용한 경험이 있는 것으로 나타났다”(2019 가습기살균제 참사 설명자료, 108). 이는 국민 5명 중 1명이 일상적으로 가습기살균제를 사용했다는 것을 의미하며, 천만 명에 가까운 사람들이 잠재적인 건강피해자가 될 수 있었다는 것을 의미한다.

2016년 말부터 가습기살균제 참사는 전국을 뜨겁게 달궜던 촛불시민혁명 과정에서 4·16 세월호 참사와 나란히 대한민국의 사회재난을 대표하는 사건으로 인식되기 시작했고, 2017년 2월 8일 「가습기살균제피해구제법」의 제정, 8월 8일 문재인 대통령의 공식사과, 11월 24일 「사회적참사진상규명특별법」을 이끌어 냈다. 하지만 앞서 언급한 것처럼 4·16 세월호 참사가 재발 방지와 사회적 치유로서의 추모사업까지 포괄적으로 진행되고 있는 데 반해, 가습기살균제 참사에 대해서는 추모에 대한 논의가 전무한 편이다. 이는 피해 사실에 대한 확인 작업이 여전히 진행 중이고, 가해기업에 대한 처벌이나 배·보상 문제가 아직도 사법적 여지를 남겨 놓고 있기 때문이기도 하지만, 제도적 측면에서 추모의 문제를 지나치게 소극적이고 간접적인 방식으로 다루고 있기 때문이기도 하다. 2018년 8월 14일에 개정된 「가습기살균제 피해구제를 위한 특별법」에 따르면, 가습기살균제 참사에 대한 추모는 피해자 단체가 피해자의 이해를 대변하는 활동과 조사·연구 사업과 더불어서 "할 수 있는" 사업으로 규정되어 있다(제9조 제2항). 이와 같은 소극적인 규정은 피해자 지원에 대한 국가의 책임을 피해자 단체에게 떠넘기는 회피일 뿐만 아니라, 구체적인 재원 마련 방안이나 지원 방안이 명시되어 있지 않아서 사업 추진을 시도할 엄두조차 내기 어렵게 한다.

일반적으로 참사에 대한 추모는 사건에 대한 진상규명이 종결된 이후 진행되는 것이라고 여겨지지만 세월호 참사에 대한 추모 논의가 진행된 과정을 살펴보면, 추모는 피해의 실상을 알리고 책임 기구의 지속적인 조사와 시민들의 관심을 유도할 수 있는 중요한 견인 장치가 되기도 한다. 가습기살균제 참사는 2012년 2월 질병관리본부의 역학조사 결과 발표 이후 2020년 현재까지 피해자들은 피해 입증을 위해 분투하고 있으며, 피해판정 및 배·보상에 대한 정부의 결정이 피해자들 간의 갈등을 야기하고 있고, 가해기업들에 대한 사법적 판결 또한 종료되지 않았다. 여기에 더욱 심각한 점은 가습기살균제 참사에 대한 구체적 피해 사실이나 피해 규모, 진상규명 과정 전반에 대한 언론의 관심이 지극히 낮다는 점이다. 언론은 사회의 중요한 사안에 대해 공정하고 객관적인 정보를 전달하고 사회 전반에 대한 비판적 감시기능을 함으로써 공론장 형성에 기여하는 민주주의 체제의 중요한 책무를 가지고 있다. 하지만 가습기살균제 참사에 대한 언론의 보도는 옥시의 유해성 실험 조작 사건과 책임 은폐 시도가 이루어졌던 2016년에 집중적으로 이루어졌을 뿐이며, 이마저도 구조적 원인을 파헤치거나 대안을 제시하는 심층 분석 기사는 많지 않았다(김민재, 2020: 183). 이는 가습기살균제 참사가 한국 사회에서 차지하는 의미나 중요성이 지나치게 외면받고 있으며 피해가 발생할 수밖에 없었던 사회체제 내부의 문제점에 대한 인식과 피해에 대한 실상이 여전히 비가시화되어 있음을 보여준다.

참사에 대한 기념화 작업은 이러한 여건 속에 있는 가습기살균제 참사에 대한 사회적 무관심을 깨뜨리고 다시 한 번 시민들의 관심을 촉구하고 근본적인 문제해결과 진상규명 과정을 촉구할 수 있는 중요한 계기가 되어줄 수 있다.

또 추모사업은 피해의 막대함에 대한 인식과 피해자에 대한 위로를 넘어서 "문화적 변화나 갱신을 위한 토대를 마련"(전진성, 2005: 97)하는 가장 강력한 재발 방지 대책이기도 하다. 추모의 과제는 물론 피해자 단체나 시민단체가 이끌 수도 있지만, 이 참사에 중대한 책임이 있는 국가와 기업이 제도적 틀과 지원 방안을 마련해 주어야 한다. 유엔의 유해물질 특별보고관 바슈쿤트 툰작(Baskut Tuncak)은 2016년 유엔인권회의에 제출한 보고서에서 정부는 국민들이 달성 가능한 최고 수준의 건강을 누리는 동시에 삶의 권리를 실현하고 보호할 의무를 지닌다고 강조하면서 한국 정부는 가습기살균제의 원료가 된 두 가지 유해물질이 생활화학제품으로 사용 용도가 변경되었음에도 추가적인 위해성 검사를 하지 않았다고 지적했다(2016: 9).

또한 정부를 상대로 한 손해배상청구 민사소송에서 정부의 대응과 조치는 충분했으며, 주의의무를 위반하지 않았다고 판단한 점에 대해 문제를 제기하면서 국가는 생명과 건강에 대한 권리를 포함한 인권 보호 의무를 이행하기 위해 잠재적 영향에 대한 조사를 수행했어야 한다고 지적했다(2016: 10).

마지막으로 툰작은 정부와 관련 기업들이 미래의 재발을 막기 위한 적절한 조치를 했다고 생각하지 않는다고 밝히면서, 판매된 가습기살균제품의 80%가량을 차지하는 옥시레킷벤키저 사(社)에게 아직 밝혀지지 않은 잠재적 피해자를 포함한 모든 피해자를 확인하고 보상받을 수 있도록 보장해야 하며, "모든 피해자에게 진심 어린 사과, 의미 있는 장소에서의 영구적인 기념물, (다시는 재발되지 않을 것이라는 확실한 보증을 포함한) 기타의 효과적인 구제 수단을 제공해야 한다"(2016: 23)라고 권고하고 있다.

일반적으로 참사를 해결하는 과정은 진상규명, 가해처벌, 피해구제, 재발 방지책 마련 순서로 이루어진다. 하지만 그러한 일련의 과정은 참사에 대한 사회적 관심과 지지가 없다면 속도를 낼 수 없다. 왜냐하면 사회적 재난은 국가범죄와 유사하게 책임을 회피하려는 목적에서 사건의 은폐와 왜곡이 수반되며, 각종 마타도어를 통해 사건을 망각시키려 하기 때문이다. 그동안 피해자들과 유가족들은 권리를 진실을 알 권리, 피해회복의 권리 등 각종의 인권을 침해당하면서 더 많은 고통을 경험할 수밖에 없다(Shaheed, 2014: 12). 그러한 점에서 사회적 재난 이후의 애도나 후속적 해결 과정은 직접적인 당사자에 국한하지 않고 전 사회적인 차원에서 참사를 기억하고 문제해결을 촉구하는 요구가 필요하다.

2 장

사회적 재난과 국가범죄

1 '국가-기업' & '기업-국가' 범죄형 재난

세월호 참사는 청해진해운이 화물적재 공간을 늘리기 위해 선박을 무리하게 개조하고, 과적을 한 것이 사고의 원인이 되었다고 추정된다. 또 선장을 비롯해 승무원들은 승객들의 안전을 책임져야 하는데도 침몰하는 배에서 계속 가만히 기다리라는 방송만을 반복했으며, 급기야 승객을 두고 먼저 탈출하기도 하였다. 가습기살균제 참사는 제조 및 판매사가 안전성도 검토하지 않은 채 마치 제품이 안전한 것처럼 속이고, 관련 법령의 사각지대를 악용하여 소비자의 생명과 건강을 담보로 이윤을 추구한 불법행위로부터 비롯된 것이다. 그러한 점에서 이 두 사례는 기업의 불법행위 및 의무불이행이 낳은 대규모 재난이다(사참위, 2020b).

특히 가습기살균제 참사의 경우 공정거래위원회의 조사와 검찰의 수사 결과 드러난 사실만 보더라도 기업의 범죄행위가 증명이 된다. 가습기살균제의 역학조사가 발표된 다음 해 2012년 공정거래위원회는 제품이 안전하다고 허위로 표시한 판매사 4곳에 대하여 총 5,200여만 원의 과징금을 부과하였다. 2018년에는 동일한 이유로 앞선 처벌에서 제외되었던 CMIT.MIT 계열 제품 제조·판매사에 총 1억 3,400만 원의 과징금을 부과하고 검찰에 고발한 바 있다. 그리고 2018년 1월 25일 대법원은 업무상과실치사 등의 혐의로 기소된 세퓨·홈플러스·롯데 임직원에게 유죄를 선고한 바 있다(대법원 2017도13628 판결; 대법원 2017도12537 판결). 또 2019년 1월 검찰은 추가로 SK케미칼과 애경 임직원 총 34명을 '업무상과실치사상·증거인멸·은닉' 혐의로 기소하였다.

그러한 점에서 세월호와 가습기살균제 참사는 명백한 '기업 범죄형 재난'이라 하겠다. 하지만 이러한 규정은 국가의 잘못과 책임을 고려하지 않았다는 점에서 한계가 있다. 세월호 참사는 정부의 규제 완화와 부실한 재난대응 시스템이 참사를 야기한 원인에 포함된다. 박상은 전 세월호 특별조사관은 세월호 참사가 기업과 국가 모두에게 책임이 있다고 보았다(연합뉴스, 2021. 8. 2.). 가습기살균제 참사 역시 단지 기업 범죄가 낳은 결과가 아니다. 구연상(2018)에 따르면 가습기살균제 참사는 "검은 돈벌이를 위해 소비자의 피해 가능성에 대해 고의(故意)로 눈을 감았던 상품 사기 판매극이었으며, 정부가 살균제 참사에 대해 재난 대응은커녕 검찰 조사나 진상조사조차 제대로 하지 않은 부작위 은폐극"이자 "기업의 잘못과 탐욕(貪慾) 그리고 정부의 늑장 대응과 환경 및 안전에 관한 법률 미비(未備) 등의 복잡한 원인에 의해 저질러진 악행(惡行)"의 결과로서 명백한 인재(man-made disaster)이다(구연상, 2018).

이렇게 본다면 세월호와 가습기살균제 참사는 기업(자본)만이 아니라 관리 감독을 소홀히 하고 위험 요소를 제거하기 위해 즉각적인 조치를 취하지 않은 국가의 부작위가 낳은 결과이다. 그래서 진선영(2019)은 가습기살균제 참사가 "관련 유해화학물질 및 가습기살균제의 생산·유통 과정에서 정부가 그 역할을 제대로 하지 못했고, 참사 초기 과정에서의 대응 그리고 이후 진상규명 과정에서도 국가 책임이 인정되는 바 '복합적 국가 실패'의 전형적인 사례"라 말한다. 국가는 기업과 아울러 법적 책임이 있는 당사자인 것이다. 실제로 김용화(2016), 박태현(2016) 등 많은 법학자들은 가습기살균제 참사의 책임이 국가에게 있다고 인정하고 있다(이영희, 2019: 305). 그렇지만 사법부는 업무상과실치사 및 업무상과실치상 등의 이유를 들어 사업자의 위법성을 인정하면서도(대법원 2017도12537 판결 등), 국가의 책임에 대해서는 줄곧 부정해 오고 있다.

2015년 1월 29일 국가로 상대로 한 최초의 손해배상청구소송(서울중앙지방법원 2012가합4515 판결 등) 판결을 보면 사법부는 국가가 가습기살균제에 사용된 화학물질의 유해성을 미리 알았다고 볼 증거가 부족하며, 또 현행법에 비추어 가습기살균제의 성분 및 유해성을 확인해야 할 의무를 위반하였다고 볼 수 없다면서 국가의 책임을 인정하지 않고 있다. 즉, 사법부는 국가가 참사를 미연에 방지할 수 있는 조치를 다하지 않았다는 부작위에 따른 위법성이 없다고 판단한 것이다.

그런데 여기에서 판결의 이유를 좀 더 꼼꼼히 살필 필요가 있다. 우선 판결에서는 부작위에 따른 위법성의 범위를 법령에서 규정하고 있는 작위의무 위반으로 한정하지 않고, “국가가 초법규적, 일차적으로 그 위험 배제에 나서지 아니하면 국민의 생명, 신체, 재산 등을 보호할 수 없는 경우에는 형식적 의미의 법령에 근거가 없더라도 국가나 관련 공무원에 대하여 그러한 위험을 배제할 작위의무를 인정할 수 있”으며, “유해물질로부터 국민들을 보호하기 위해 이에 대한 안전관리대책을 수립할 책임이 있다”고 본다. 그러면서도 판결문은 부작위에 따른 위법성의 구성요건으로 국민의 법익 또는 국민에게 발생한 손해에 대한 국가의 예견 가능성을 들어 결론적으로는 “당시의 기술 수준, 사회적 인식 등 구체적인 상황”에 비추어 가습기살균제의 위해성 여부에 대한 국가의 인지 가능성이 없었다고 판단하고 있다. 또 판결에서 사법부는 국가에게 부작위의 책임을 묻는 것은 결과론적인 입장이며 따라서 “함부로 공무원의 부작위를 들어 고의 또는 과실로 법령에 위반하였다고 속단해서는 안 된다”고 일축하고 있다.

2015년 10월 한국을 공식 방문하여 삼성전자 반도체 공장 백혈병과 가습기살균제 참사를 조사한 UN 유해물질 및 폐기물 처리 관련 인권특별보고관 바스쿠트 툰작은 서울지방법원의 이 판결을 지적하면서 우려를 표했다. 그는 이 판결이 "인권, 특히 생명과 건강의 권리를 보호하기 위해 조치를 취해야 할 국가의 의무를 감소시킨다"고 지적하면서 "인권의 사법적 집행은 특히 인권의 완전한 향유권을 훼손하는 민간 당사자의 행위로부터 모든 사람을 보호해야 할 정부의 기본적인 의무"라고 지적했다(Tuncak, 2016: 11).

바스쿠트 툰작의 지적처럼 이 판결은 문제적이다. 첫 번째로 문제시될 수 있는 것은 당시의 기술 수준에 비추어 보았을 때 정부가 가습기살균제의 위험성에 대해 예견 가능성이 없었다고 본 사법부의 판단이다. 그런데 미국은 이미 1970년대 「독성물질관리법」(Toxic Substance Control Act of 1976, TSCA)에 따라 신규화학물질의 제조 및 수입에 대해 사전신고를 하게 되어 있으며, 이미 안전성 검토가 끝난 물질이라 하더라도 그 용도가 중요하게 달라지면 그 안정성을 재차 검토받도록 규정하고 있었다. 호주에서는 「산업용 화학물질 등록 심사법」(ICNA Act)을 1989년 제정하고 고분자물질에 대한 면제법에서 양이온에 대한 예외 조항을 명시하고 있었다. 멀리 갈 필요도 없이 2007년 대한민국의 노동부가 PGH에 대해 '증기 노출작업 때 호흡용 보호구를 착용하고 작업하여야 한다'(노동부공고 제2007-148호)고 공고한 사실만 보더라도 정부는 충분히 가습기살균제 제조에 사용된 화학물질의 위험성을 예견할 수 있었다는 점이 드러난다(현승효·이민규, 2020: 9). 당시의 기술 수준은 가습기살균제의 위험성에 대해 충분히 인지하고도 남았고, 사법부가 제시한 예측 불가능이라는 이유는 납득될 수 없다.

문제는 기술 수준이 아니라 1991년 「유해화학물질관리법」을 제정할 당시 이러한 해외 사례를 면밀하게 검토하지 않고 해당 물질에 대한 행정처 간 정보교환 등의 노력을 게을리했다는 데에 있다. 국가는 국민이 부여한 “유해화학물질을 포함한 제품의 제조 및 판매 등의 허가 승인에 관한 권한”을 국민을 위해 사용하지 않음으로써 국민의 신뢰를 저버린 것이고 나아가 국가의 가장 기본적인 의무로서의 안전성 확보 의무를 위배한 것이다(김용화, 2016; 박태현, 2016).

또한 사법부가 당시의 ‘사회적 인식’을 이유로 드는 것에도 문제 제기가 가능하다. 1987년에 개정된 우리 헌법은 제35조에 건강하고 쾌적한 환경에서 생활할 권리를 기본적인 인권으로 보고 그것을 국가가 적극 보호해야 한다는 ‘과소보호 금지원칙 의무’를 명시하고 있다. 가습기살균제가 제조되어 판매되기 시작한 1990년대 한국 사회는 급격한 경제성장 과정이 가져다준 환경 파괴의 심각성과 무분별하게 사용되었던 인체에 유해한 화학물질에 대해 충분한 경각심을 가지고 있었다는 것은 역사적 상식이다. 그리고 당연한 말이지만 대다수 피해자들은 가습기를 가동하면서 생기는 각종 유해균으로부터 자신과 가족의 건강을 지키고자 하는 마음에서 가습기살균제를 구매하여 사용하였다. 그 누구도 살균제가 인체에 미칠 위험성을 기꺼이 감내하면서 사용하지는 않았으며, 당시의 사회적 인식에 비추어 보았을 때 위험성을 알만한 정보가 있었다면 대부분은 사용하지 않았을 것이라 보는 것이 당연하다. 그렇기에 당시의 사회적 인식을 이유로 들어 예측 가능성을 인정할 수 없다는 사법부의 판단은 어떤 상식에 기대어 있는지 심히 의문스럽다. 이는 사법부가 제시하는 당시의 기술적 수준 및 사회적 인식과 관련한 자료들을 스스로가 꼼꼼하게 검토하지 않았거나 아니면 상식에 무지했다는 것을 고백하는 것에 다름 아니다. 따라서 ‘함부로 속단’하는 것은 피해자들이 아니라 국가가 가습기살균제 위험성에 대해 예측 불가능했다고 변론하고 있는 사법부이며, 그런 사법부는 정부가 그러했듯이 국민의 인권침해 사건에 사법적 정의를 실현해야 할 의무를 저버리고 있는 것이다.

이상으로부터 우선 도출할 수 있는 결론은 사법부의 판단과 다르게 국가는 기업의 제품생산에 대한 관리 감독의 의무와 국민의 생명 안전을 보호해야 할 책임을 방기했다는 것이다. 하지만 문제는 여기에서 그치지 않는다. 국가는 2011년 4월 질병관리본부에 폐질환 환자 발생 신고가 접수된 이후에도 판매 중지 및 시중 제품의 강제 수거 명령을 내리고 않았고, 그런 이유로 역학조사 결과의 발표가 나기 2개월 동안 문제의 제품이 버젓이 시중에 유통되게 내버려 두었다. 당시 정부는 조사 결과가 나오지 않은 상태에서 행정규제를 할 수 없다는 말만 반복하면서 조사 진행 중이라는 이유로 적극적인 조치를 취하지 않았다. 이는 국민을 보호해야 할 의무가 있는 국가가 국민을 죽게 내버려 둔 것과 다름 아니다.

2010년 제정된 「제품안전기본법」에 비추어 보았을 때 이러한 적극적인 행정규제의 지연은 부작위에 따른 위법성을 지닌다. 대한민국의 「제품안전기본법」은 "안정성 조사 → 수거 등의 권고 → 수거 등의 명령 → 직접 수거 등의 단계적 절차"를 규정하고 있다. 특히 동법 제9조, 10조, 11조에는 국민의 생명·신체·재산 등에 위해를 끼치거나 우려가 있을 경우 조사, 수거 권고 및 명령 등 안전성을 위한 행정규제를 '할 수 있다'고 명시하고 있다. 주의해야 할 점은 법조문에 비록 '할 수 있다'고 기술(記述)되어 있다고 해서 이것이 모든 경우 행정규제에 대한 행정청의 자율성을 부여한다는 말이 아니라는 점이다. 가습기살균제와 같이 "제품의 결함이 중대하여 국민의 생명·신체, 재산 등에 현재 위해를 주고 있고, 그런 개연성이 예상되는 상황의 경우에는 행정규제에 대한 선택권이 없다"고 보는 것이 일반적인 해석이다. 그럼에도 불구하고 당시 적극적인 행정규제를 하지 않았다는 것은 국가가 명백히 현행 관계 법령을 위배하였다는 것이다(박정일·원종석, 2012).[1]

---

1 "'행정규제부작위'란 관할행정청이 행정객체의 일정한 활동에 대하여 진입을 제한하거나 활동을 통제해 줄 것을 사회 통념상 국민 일반이 기대했음에도 불구하고 행정청이 규제의무를 불행사하는 것"을 말한다(박정일·원종석, 2012: 148).

이를 뒷받침하는 하나의 판례가 있다. 해당 판례(대법원 98다18520 판결)는 "국민의 생명, 신체, 재산 등에 대하여 절박하고 중대한 위험 상태가 발생하였거나 발생할 우려가 있어서 국민의 생명, 신체, 재산 등을 보호하는 것을 본래적 사명으로 하는 국가가 초법규적, 일차적으로 그 위험 배제에 나서지 아니하면 생명, 신체, 재산 등을 보호할 수 없는 경우에는 형식적 의미의 법령에 근거가 없더라도 국가나 관련 공무원에 대하여 그러한 위험을 배제할 작위의무를 인정"하고 있다(박정일·원종석, 2012). 따라서 폐질환 환자가 집단으로 발생하고 신고가 된 상태였음에도 적극적인 규제조치를 취하지 않고 자발적인 생산 및 사용 자제 권고라는 소극적인 조치에 그친 것은 무책임하면서도 위법적인 부작위에 해당한다.

피해자학에서는 "국가 또는 국가기관의 이익을 목적으로 자행되는 불법적이고 사회적으로 해악적이며 불의한 행위"를 국가범죄(state crime)로 규정한다(김한균, 2015). 이때 국가범죄는 반드시 계획적이거나 체계적일 필요가 없다. "국가의 적극적 행위뿐만 아니라 부작위 역시 국가범죄"로 인정된다. 2005년 허리케인 카트리나 사태와 같은 경우 "정부의 구조 실패와 무능 역시 국가부작위범죄(state crime of omission)로 규정"된 바가 있다. 이에 비추어 보자면 가습기살균제 참사 역시 국가범죄가 빚어 낸 대규모 재난이며, 그 피해자들은 국가범죄피해자(state crime victim)[2]가 된다(김한균, 2015).

사안의 심각성이 이러함에도 국가는 줄곧 책임을 인정하지 않고 부인해 왔다. 2016년 국회 '가습기살균제 사고 진상규명과 피해구제 및 재발방지 대책 마련을 위한 국정조사 특별위원회(가습기살균제 특위)'에서 장하나 의원이 "국책연구기관들이 15년 전부터 '살생물제법'을 도입하라고 했는

---

2 국가범죄피해자는 "법위반 내지 인권을 침해하는 직간접적 국가조치로 인하여 경제적 문화적 신체적 해악, 고통, 배척(exclusion), 착취를 경험하는 개인 또는 집단(group)"으로 정의된다(김한균, 2015: 172).

데 2011년에도 법제화하지 않았다"고 비판하자 환경부 차관은 "당시 사회적 논의가 법제화까지 이르지 못했다"고 해명했다. 그리고 우원식 의원이 "유독물질인 PHMG가 제조업체 사업장은 물론 일반 소비자를 위한 가습기살균제 제품에 사용되는 것을 환경부가 2005년에 알았는데도 유해성 심사를 하지 않은 이유를 추궁"하자 "2005년 가습기살균제에 PHMG와 MIT가 사용될 때에는 유해성 심사 대상이 아니었다"며 책임을 인정하지 않았다(국회사무처, 2016a).

또한 2011년 조사 결과가 나오기 이전까지 가습기살균제의 관리 주무부서인 산업통상자원부 역시 "가습기살균제에 대한 사후관리가 미흡했던 것을 뼈아프게 생각한다고 말해 사과와 책임인정은 하지 않고 유감표명에 그치는 태도를 보였다."(현승효·이민규, 2020: 10)

더구나 앞서 보았듯 대한민국 정부는 온전한 진상규명을 뒷전으로 한 채 피해자를 방치하다시피 했다. 이는 실정법상 「범죄피해자 보호법」을 위반한 것이다. 「범죄피해자 보호법」 제1조는 "타인의 범죄행위로 인하여 생명·신체에 피해를 받은 사람을 구조(救助)함으로써 범죄피해자의 복지 증진에 기여"한다는 법률의 목적을 밝히고, 제2조에 "범죄피해 상황에서 빨리 벗어나 인간의 존엄성을 보장받을 권리", "명예와 사생활의 평온"에 대한 보호, "해당 사건과 관련하여 각종 법적 절차에 참여할 권리"를 보장해야 한다고 규정하고 있다. 또 제4조에서는 국가가 범죄피해자의 보호와 지원을 하여야 한다는 책무를 명시하고 있다. 그렇지만 대한민국 정부는 2011년 역학조사 발표 이후에도 적극적인 조치를 취하지 않았으며 사태 해결의 당사자를 기업과 피해자로 국한시키고 스스로의 책임을 부인하였으며, 특별법이 제정되기 이전까지 피해자를 구제할 의무를 방기해 왔다.

이는 국가범죄학의 관점에서 보자면 명백히 국가범죄에 해당한다. 이재승(2016)은 세월호 참사의 발생 요인과 대응 그리고 후속 조치를 고찰하면서 세월호 참사가 ① 생명 안전에 대한 국가 감독 책임의 총체적 방기, ② 사건 발생 이후 조직적 부작위와 무책임, ③ 책임 부인에 따른 '국가범죄(State crimes)'라 결론짓는다. 앞서 보았듯이 가습기살균제 참사 역시 위의 3가지 조건에 부합한다. 그렇다고 국가에 비해 기업의 책임이 결코 가볍다고 말하는 것은 아니다. 오히려 기업은 두말할 필요 없이 가습기살균제 참사에 있어 가장 핵심적이고 1차적인 가해자이다. 하지만 국가의 책임 또한 가볍다고 할 수 없다. 결국 이 참사는 명시적 공모는 아닐지라도 '제품의 생산 - 시장 유통 - 피해자 발생 - 대응 조치 미흡 - 책임 부인' 등 일련의 사태를 공동으로 구성한 기업과 국가의 맥락적이고 중층적 공모 관계로 발생한 비극이다. 따라서 명명하자면, 가습기살균제 참사는 단순히 우연적이고 통제 불가능한 상황에서 발생한 일반적인 자연재해가 아닌 기업과 국가의 공동 불법행위가 낳은 '기업-국가범죄형 재난(Corporate-National Crime-Type Disaster)'이다. 그렇기에 국가는 참사에 있어 단순히 피해구제에 대한 사법적, 행정적 지원을 하거나 기업과 피해자 간에 중재를 하는 위치에 있을 수 없다. 국가는 법률적인 책임이 있는 가해 당사자이다.

2 국가의 법률적 사죄

위법행위에 대한 책임은 일반적으로 피해자에 대한 '사죄'[3]로부터 출발한다. 2017년 8월 8일 문재인 대통령은 정부를 대표하여 피해자들에게

3 "사죄(謝罪)나 사과(謝過)라는 단어는 잘못에 대하여 용서를 구한다는 면에서 의미가 같고, 용법에 있어서도 명료한 차이"(이재승, 2015)가 없다는 점에서 여기에서는 같은 의미로 사용한다.

공식적으로 사과하였다. 문재인 대통령은 정부의 존재 이유가 국민의 생명과 안전을 지키기 위함이라고 말하면서 가습기살균제 피해 예방, 피해 발생 후 적극적 대처하지 못했다는 점을 인정했다. 나아가 구제의 책임을 사업자와 피해자 간의 관계로 미루고 정부가 구제에 나서지 않았다는 점 또한 인정하였다.

문재인 대통령의 사과는 피해 예방과 대처에 있어 국가가 의무를 다하지 않았다는 점을 '말'하고 있는 것이다. 하지만 대통령의 사과는 '법률적인 사죄'로까지 나아가지는 못했다. 왜냐하면 법률적 사죄는 순수 내면에서의 발화행위라는 차원에 그치지 않기 때문이다. 법률적 사죄는 "사회적 영역에서 발생한 명백한 과오에 대한 시인"으로부터 출발하지만 심각한 인권침해나 위법행위의 책임이 명백할 경우 "인정의 요소(규범 침해와 피해 사실, 책임의 인정)와 공감의 요소(후회와 사죄, 용서구하기), 피해구제 요소(원상회복과 손해배상)"뿐만 아니라 "미래 약속(재발 방지)까지 포함"하는 것이다. 즉, 법률적 사죄는 단지 '사과한다'는 발화에 그치는 것이 아니라 민형사상 재판, 각종 위원회의 활동 지원, 피해 회복, 치유, 추모사업 등의 후속 조치를 포함하는 것이 법률적 사죄의 범주인 것이다(이재승, 2015).

UN 인권특별보고관 바스쿠트 툰작은 경제 및 사회 권리에 관한 국제규약(International Covenant on Economic and Social Rights) 제2조 1항과 시민 및 정치 권리에 관한 국제규약(International Covenant on Civil and Political Rights) 제2조 2항에서 인정하고 있는 권리 실현을 위한 행정, 교육, 사회 및 기타 조치를 채택할 의무가 한 나라의 정부에 있다고 말한다. 그러면서 그는 사회적 재난이나 참사가 발생했을 경우 "유사한 사고의 재발을 방지하기 위한 조치"가 시행되어야 하며 "모든 피해자가 진정성 있는 사과, 의미 있는 장소에서의 영구적인 기념(permanent commemoration at a location of significance) 및 기타 효과적인 구제 요소(비반복의 입증된 보장 포함)를 받도록 보장해야 한다"고 주장한다(Tuncak, 2016).

이는 한국 정부가 참사에 대한 입법 조치도 그리고 미래의 재발 방지를 위한 적절한 조치도 취하지 않고 있다는 그의 우려에서 나온 것이다. 물론 그의 보고서가 채택된 2016년에는 「가습기살균제피해구제법」이 제정되었다. 하지만 그의 우려대로 「가습기살균제피해구제법」은 재발 방지에 대한 규정을 포함하고 있지 않으며, 재발 방지를 위한 후속 조치의 일환으로서 추모사업도 포함하고 있지 않다.

여기에서 중요한 점은 바스쿠트 툰작이 "재발 방지를 위한 조치"를 곧 '피해자의 권리' 실현으로 본다는 점이다(Baskut Tuncak 2016: 10). 물론 이는 툰작만의 독특한 시각은 아니다. 2006년 유엔총회가 결의한 〈피해자 권리장전〉(international bill of rights of victims)은 피해자의 권리를 정의에 대한 권리, 피해 회복에 대한 권리, 진실에 대한 권리로 구성하고, 그중 '피해 회복에 대한 권리'를 실현할 수단으로 ① 원상회복, ② 금전배상, ③ 재활조치, ④ 만족, ⑤ 재발 방지 보증을 제시하고 있다. 여기에서 특히 '만족'(제22조)은 '피해자에 대한 기념과 헌사', '인권침해 행위에 대한 교육자료를 통한 설명'을 포함하고 있는바, 추모가 피해자의 권리로서 미래의 재발 방지를 위한 방안이라는 점을 분명히 하고 있다(이재승, 2015; 김명희, 2019).

이보다 앞서 UN 특별보고관이었던 루이 주아네(Louis Joint)는 이행기 정의의 네 가지 요소로서 알 권리, 정의에 대한 권리, 배상의 권리, 재발-방지의 권리를 제시하였는데, 여기에서 '알 권리'는 개별 피해자 또는 가까운 친척이 무슨 일이 일어났는지(진실에 대한 권리) 아는 것만이 아니라 "미래에 재발로 인한 침해를 방지하고자 역사를 이용하는 집단 권리"로 규정하고 있다. 그리고 그는 이를 보존하기 위해 적절한 조치를 취해야 할 의무가 국가에 있다고 보았다. 또 루이 주아네는 집단 기억(collective memory)을 보존하기 위한 기념 행위의 필요성에 대해 집단적 측면에서, 국가의 형식적·공식적 책임 인정, 피해자의 존엄성 회복을 목적으로 한 공식 선언, 공공 도로 명명식이나 기념물 건립 같은 추모 행사는 기억의 의무를 수행하는 데 도움을 주는 것들로 도덕적 배상을 제공하기 위한 상징적 조치들로 고려될 수 있다"고 말한다(Shaheed, 2014). 국제사회는 진상규명에서부터 추모사업까지 참사 이후의 후속 조치는 피해자의 권리이자 유사한 사례가 재발하지 않기 위한 사회적 장치를 마련하는 것이라는 점을 인정하고 있는 것이다(Fominaya & Barberet, 2018).

3장

사회적 재난의 의제화

1 유독물질의 정치 모델과 사회적 재난

라이히(Reich, 1982)는 '유독물질의 정치(Toxic Politics)' 모델을 제시한 바가 있다. 그가 제시한 모델은 '비이슈(non-issue) → 공적 이슈(public issue) → 정치적 이슈(political issue)'로 단계적 발전의 형태로 구성되어 있다. 우선 ① 비이슈 단계는 아직 질환의 원인이 밝혀지지 않아 자신의 고통을 개인적인 것으로 인식하는 단계이다. 그러다 원인물질이 밝혀지면 피해자들은 자신의 고통이 개인적인 문제가 아니라 사회적인 것이라는 인식의 변화와 함께 결사체를 조직하고 저항 활동을 하면서 의제를 ② 공적 이슈로 전환시킨다. 이제 공적 이슈화 단계에서는 피해자 외의 집단과 연합을 꾀하기도 한다. 공적 이슈화 단계에서 형성된 사회적 관심과 지지를 바탕으로 피해자들은 가해기업 및 정부와 갈등하면서도 정치적 동맹을 만들어 ③ 정치적 이슈로 발전시킨다(Reich, 1982).

이하에서는 이러한 라이히의 모델을 기본으로 1994년부터 최근까지 가습기살균제 참사의 의제화 과정을 따라가면서 주요 쟁점을 살펴보고자 한다.

1) 원인 불명의 질환 발생과 사적 고통의 시간

1994년 ㈜유공(현 SK케미칼)이 처음으로 가습기살균제를 개발하였고, LG생활건강, 롯데마트, 홈플러스, 신세계 이마트, 애경산업 등 한국의 유명 기업과 영국의 레킷벤키저(옥시), 테스코, 독일의 헨켈 등 유럽의 다국적 기업들 등이 국내에서 가습기살균제를 상품화해 판매하기 시작했다. 1994년 당시 유공은 '가습기메이트'를 출시하면서 제품이 인체에 전혀 해가 없다고 강조했다. 옥시는 2000년 원료물질을 PHMG로 바꿔 생산한 가습기살균제 '옥시싹싹가습기당번'을 판매하면서 가습기 살균력이 99.9%이며 유공과 마찬가지로 인체에 무해하며 아이에게도 안전한 제품이라 홍보했다(서울중앙지방검찰청, 2016. 7. 13). 2010년까지 옥시의 가습기살균제만 하더라도 40만 병 이상이 팔렸고, 2011년까지 18년간 43개 제품, 총 998만 개의 가습기살균제가 아무런 제재 없이 전국에서 유통되었다. 심지어 대부분의 제품이 판매 금지되었던 2011년도 이후에도 이코볼 살균필터와 세균닥터 제품은 판매되었던 것으로 확인되었다(박동욱 외, 2018: 85).

가습기살균제가 처음 판매되었던 1994년부터 2011년 역학조사 결과가 나오기까지 17년 동안 아무런 의심 없이 시간이 흘러가면서 연간 60만 개의 제품들이 팔려 나갔다. 그렇다고 제품을 생산한 업체가 가습기살균제의 위험성을 끝까지 모르고 있었던 것은 아니다. 2013년 7월 12일 심상정 의원이 제출한 호주 정부기관의 보고서는 제조사가 이미 원료물질의 위험성을 알고 있었다는 것을 말해 준다. 이 보고서는 PHMG를 생산한 SK가 이 원료(제품명: 스카이바이오1125)를 호주에 수출하기 위해 2003년 호주 국가산업화학물질 신고평가기관(NICNAS)에 제출한 안전보건자료(MSDS)를 토대로 하고 있다. 이 보고서에는 PHMG가 흡입독성이 있어 비산되어 호흡기로 흡입될 경우를 대비해 노동자들은 보호 장비를 갖추고 작업을 해야 한다는 내용이 포함되어 있었다. 사측은 이미 2003년 이전에 PHMG의 위험성을 충분히 인지하고 있었던 것이다.

문제는 정부에도 있었다. 기업이 생산하는 제품의 안전관리를 맡고 있는 산업통상자원부 국가기술표준원은 자신들이 관리하는 공산품에는 가습기살균제가 포함되어 있지 않다는 이유로 안정성을 검사하지 않았다. 또 화학약품의 용도가 중대하게 변경되었음에도 불구하고 아무런 확인절차를 진행하지 않았다. 그러는 와중에 제품은 버젓이 시장에서 판매되었고, 이를 사용한 사람들은 영문도 모른 채 사망하거나 폐질환 등 신체적 고통을 겪어야 했다. 실제 피해접수 사례 중에는 1996년 8월에 사망한 8개월 된 영아와 2002년 5살 된 유아가 있었으며, 2017년 3월에 밝혀졌지만 그보다 앞서 1995년 54세 성인과 영아가 최초 사망한 것으로 보고되었다. 2011년 이전 사망했거나 질환을 얻은 사람들은 접수된 사례보다 더 많았을 것으로 보인다.

유독물질에 의한 재난피해는 그것의 위험성에 대한 정보가 사회적으로 공유되지 않은 탓에 피해자들은 질환과 사망에 이르게 된 이유를 알기 힘들며, 외부요인과의 관련성을 찾지 못하고 개인적 고통으로 여길 수밖에 없다는 특징을 지닌다. 이런 경우 피해자들은 원인을 밝히고 싶어도 전문적인 증거도 수집하기 힘들 뿐만 아니라 자신의 의구심에 기대어 공론화를 시도하는 것도 자신과 가족을 노출시키는 것이기에 쉬운 일이 아니다. 라이히(1982)의 '유독물질의 정치(Toxic Politics)' 모델에 비추어 보자면 원인물질(toxic agent)이 밝혀지기 전까지는 개인적 고통의 상황에 머무르는 '비이슈(non-isuue) 단계'가 지속되는 것이다(임기홍, 2020: 71),

그런데 2006년 급성 호흡곤란 증세와 함께 폐섬유화(fibrosis) 증상을 보이는 소아가 서울아산병원에 입원하면서 가습기살균제 피해의 윤곽이 세상에 드러날 준비를 하게 된다. 이 소아 환자는 어떠한 치료에도 반응을 보이지 않다가 결국 원인 미상으로 사망하였다. 서울아산병원 의료진은 유사한 사례가 서울대학교병원에서도 있었다는 사실을 알게 되었고 총

15명(사망 7명, 생존 8명)의 환자 기록을 분석하여 「2006년 초에 유행한 소아 급성 간질성 폐렴」이라는 논문을 발표한다(전종근 외, 2008). 하지만 유사 환자들이 그 이후에도 계속해서 발생하자 의료진은 전국적인 발생 빈도 등을 조사하고 현황을 파악하여 이를 2009년 3월에 「급성 간질성 폐렴의 전국적 현황 조사」를 통해 발표한다(김병주 외, 2009). 하지만 여전히 공론화가 되지 못하고 피해자는 피해자가 아니라 원인 미상의 질병을 얻은 환자일 뿐이었다. 그 와중에 가습기살균제는 시중에서 판매되고 있었고 우리 사회가 알지 못하는 사이에 피해자들은 더 늘어났으며, 누군가는 사랑하는 가족을 잃어야만 했다.

2) 비이슈에서 공적 이슈로

주요 쟁점
· CMIT/MIT 함유 제품 수거명령 대상에서 제외
· 피해자들에 대한 정부 대책 전무
· 피해보상 제조사와 피해자 간의 문제로 보는 정부 입장
· 가해기업에 대한 공정거래위원회의 솜방망이 처벌
· 폐손상조사위원회의 요구에 대한 정부의 미온적 대응
· CMIT/MIT에 대한 독성 재평가
· 국회입법조사처, 정부 법률 제정의 필요성에 대해 반대
· 피해판정 폐손상에 국한, 3 · 4단계 피해자 구제 대상에서 제외
· 국가 및 가해기업의 진심 어린 사과와 법적 · 사회적 책임
· 피해신고 기간 6개월(2014년 10월 10일)로 한정

(1) 의료계의 신고와 시민단체의 조사활동

2006년부터 의료계에 보고되었던 원인 미상의 질환은 2011년까지 '급성 간질성 폐렴'으로 정의되었고, 의료진들은 이때까지도 화학물질에 의한 발병 가능성을 염두에 두지 않았다. 다만 이 질환이 이미 몇 년 전부터 발견되었으며 주로 가습기를 많이 사용하는 건조한 겨울철 다음에 봄철이 되면 유아와 산모에게 집중적으로 나타난다는 것만 알려져 있을 뿐이었다. 그러다 2011년 4월 산모 7명과 성인 남성 1명이 서울아산병원에 입원하였고, 그중 4명이 사망에 이르게 된다. 심각성을 느낀 병원 측은 질병관리본부에 원인 미상의 폐질환이 발생하고 있음을 신고하고 이에 대한 역학조사를 의뢰하였다. 또 비슷한 시기에 입원 산모의 가족도 질병관리본부에 신고를 하였다.

2011년 5월 11일 원인 미상 폐질환으로 산모들이 연쇄 사망하고 있다는 내용이 연합뉴스 등을 통해 최초로 보도된다. 그리고 3개월이 흐른 8월 31일 질병관리본부는 중간조사 결과를 발표한다. 발표에 따르면 가습기살균제를 사용한 환자군이 그렇지 않은 비교군에 비해 47.3배 발병 위험도가 높았다. 질병관리본부는 정밀조사를 실시하고 최종 결과 발표 후 대책을 세우겠다며 가습기살균제의 사용 자제와 제조업체의 출시 중단을 '권고'하였다. 이에 환경보건시민센터는 제품이 시장에 남아 있는 한 추가적인 피해자가 발생할 수 있다는 점을 지적하면서 질병관리본부의 소극적인 조치를 비판하고 정부의 광범위한 피해조사와 제품의 즉각적인 회수조치를 실시하라는 긴급성명서("가습기살균제품과 유사제품명을 공개하고 제품회수조치 실시하라")를 발표한다. 곧이어 9월 8일 환경시민보건센터는 질병관리본부의 조사가 서울 소재 대학병원 한 곳에 입원했던 20세 이상의 성인만을 조사 대상으로 삼았기에 사태를 제대로 파악하는 데에 한계가 있으며, 특히 원인 미상의 폐질환 등으로 사망한 영유아 상당수가 가습기살균제에 노출된 것으로 파악되고 있기에 광범위한 조사가 필요하다는 조사보고서를 발표한다(임기홍, 2020: 76).

하지만 질병관리본부는 피해조사를 할 것이라는 말만 되풀이할 뿐 곧바로 조사에 착수하지 않았다. 그 사이 환경보건시민센터는 가습기살균제피해자모임과 가습기살균제피해자 제보센터를 만들어 실태조사를 벌이고 3차례에 걸쳐 피해 사례를 발표(9. 20, 11. 1, 11. 9.)하였다. 11월 1일에는 가습기살균제피해자모임, 전현희 국회의원실, 서울대 보건대학원, 국회국민건강복지포럼이 공동으로 토론회를 열어 실태조사 결과를 알리기도 했다. 그 외 여성환경연대와 녹색소비자연대 등은 9월 29일 가습기살균제 피해규명을 촉구하는 기자회견을 열고 공정거래위원회에 제조사의 과장광고에 대한 조사를 요청하였다. 결국 정부가 행정규제에 소극적으로 대처하고 있는 동안 사태의 심각성을 수면 위로 끌어올리고 피해자들과 연대하여 이슈화로 나아가는 데에 중대한 역할을 한 것은 시민단체였다.

보건복지부는 환경보건시민센터의 조사 발표가 있은 연후에야 11월 11일 1차 동물실험 결과 PHMG, PHG의 독성을 확인하였다며 6종의 가습기살균제에 대한 수거명령을 발동하고 제품의 사용 중단을 강력 권고하였다. 그리고 2012년 2월 질병관리본부에서는 최종 결과를 발표한다. 여기에서 문제는 첫째, 질병관리본부가 실험한 10개 제품 중 PHMG와 PGH 성분을 함유한 6개 제품만 폐손상과의 인과관계를 인정하고, CMIT/MIT를 주성분으로 하는 나머지 3개 제품(SK케미칼과 애경 제품)에 대해서는 폐섬유화 소견이 발견되지 않았다며 수거명령 대상에서 제외시킨 것이다. 이는 향후 SK케미칼과 애경에 대하여 면죄부를 주고, 해당 제품을 사용한 피해자들을 피해 인정 대상에서 배제하게 만든다(임기홍, 2020: 79).

둘째, 정부는 그동안 가습기살균제가 일반 공산품으로 분류되어 관리 사각지대에 놓여 있었다며 향후 인체에 흡수되는 모든 제품을 의약외품으로 관리하겠다는 입장을 밝혔을 뿐, 피해자들에 대한 대책을 내놓지 않았다. 가습기살균제피해자모임과 환경보건시민센터는 즉각 성명서를 내고 피해자에 대한 의료적 지원을 비롯한 피해자 보상 대책과 재발 방지 대책에 정부가 적극 나설 것을 촉구하였다. 하지만 이러한 목소리에 정부는 피해보상 문제는 제조사와 피해자 간에 해결해야 한다는 방관적

입장을 취했다(백인성·정희완, 2012). 이미 많은 피해자들이 신체적·정신적으로 큰 고통을 당했을 뿐만 아니라 건강보험 적용을 받지 못하는 치료비를 부담해 오느라 경제적으로 매우 곤란한 상태에 빠져 있는 상태였다. 그렇지만 정부는 관리 감독의 부실에 대한 어떠한 책임도 인정하지 않고 사죄도 하지 않았을 뿐만 아니라, 사태로부터 거리두기를 하면서 보상 문제를 피해자와 제조사 간의 분쟁 프레임으로 몰아넣었다.

(2) 정부의 사태 축소와 봉합 시도

2012년 7월 24일 공정거래위원회는 가습기살균제가 안전하다고 허위 표시한 판매사 4곳에 과징금 총 5,200만 원을 부과했다. 사람의 생명까지 앗아간 제품을 무해하다고 광고하여 이익을 취한 것에 비하면 터무니없이 적은 금액이기에 솜방망이 처벌에 불과했다. 그리고 한 달 후 2012년 8월 환경보건시민센터와 피해자모임은 제조사를 과실치사 혐의로 형사 고발(1차)을 했다. 사건을 맡은 서울중앙지검은 9월부터 10개의 가습기살균제 제조·공급업체들을 대상으로 위험성 고지의무 위반과 과실치사 혐의를 두고 수사에 착수했다.

빈약하나마 제조사와 판매사에 대한 이러한 조치가 취해졌지만 정부의 조사는 적극적이지 않았으며 지지부진한 상태였다. 시민단체와 피해자들이 정부의 조사 방식에 문제를 거론하자 정부는 2012년 12월 폐손상조사위원회를 출범시켰다. 위원회는 시민단체와 질병관리본부가 추천한 전문가 27명으로 구성되었으며, 신고가 접수된 피해 사례 359건의 자료에 대해 가습기살균제와 피해 간 관련성을 판정하는 일을 맡았다. 피해자들은 제조사와의 개별 소송에 의한 배상 원칙을 정부가 고수하고 있던 터라 위원회의 조사 결과에 신경을 곤두세울 수밖에 없었다.

이는 역으로 조사 결과가 사측과 정부가 짊어져야 하는 책임 부분에 영향을 미칠 수밖에 없다는 것을 의미한다. 아니나 다를까 '추가 보완조사'를 두고 위원회와 정부 사이에 의견이 갈리게 된다. 위원회는 신고자들의 건강상태 등을 면밀히 살피기 위해 추가로 임상검사, 폐 CT촬영 등이 필요하다고 주장하며 나섰다. 하지만 보건복지부는 비용 문제와 법적 근거 등의 이유를 들며 거부의사를 밝혔다. 이에 피해자모임과 시민단체는 복지부의 대응을 비판하고 아울러 2012년 2월 폐질환과의 인과관계가 없다며 제외시킨 CMIT/MIT에 대해서도 독성 평가를 다시 하라고 요구하였다. 나중에 드러난 사실이지만 환경부는 이미 2012년 9월 CMIT/MIT을 유독물질로 규정한 바가 있기에 이 요구는 무리한 것이라 할 수 없다. 그런데도 환경부는 독성 평가를 다시 하는 것에 난색을 표했던 것이다. 하지만 같은 날 CMIT/MIT를 유독물로 지정하고 PHG도 유독물로 지정하겠노라고 밝혀 앞뒤가 맞지 않는 행태를 보였다(임기홍, 2020: 82-83).

그러나 정부는 추가 보완조사를 끝내 거부했다. 추가로 역학조사를 진행하려는 취지에서 폐손상조사위원회를 만든 것이 아니라는 것이 정부가 내세운 이유였다. 이에 반발한 폐손상조사위원회 위원들은 2013년 4월 전원 사퇴한다. 그래도 정부의 태도는 바뀌지 않았다. 사태 해결을 위해 주무부처의 확정과 부처 간 긴밀한 협조체계를 구축해도 모자랄 판에 환경부와 복지부, 산업통상부 등은 업무 영역을 문제 삼아 책임을 떠넘기기만 하면서 사태 해결과 대응에 매우 소극적으로 일관했다(김재중, 2013).

정부의 미온적 대응이 계속되는 가운데 가습기살균제피해대책모임과 환경보건시민센터는 2013년 초부터 피해 대책을 촉구하는 사진 전시, 기자회견, 1인 시위 등을 이어갔다. 그리고 2013년 국회가 본격적으로 가습기살균제 문제를 거론하고 나섰다. 같은 해 3월 25일 심상정 의원이 〈가습기살균제 피해자 구제를 위한 결의안〉을 제출한다. 이 결의안은 국무총리실이 총괄하여 부처 간 협력을 통해 피해자의 구제방안과 예산 집행 계획안을 마련하고, 중증 피해자들을 우선하여 지원한 후 나머지 경증환자는 결의안 통과 후 3개월 이내에 지원토록 하는 방안을 담고 있다. 결의안은 4월 29일 본회의에서 의결(93% 198명 찬성, 15명 기권, 반대 없음)되었다. 또 5월 2일 장하나 의원 등이 〈가습기살균제의 흡입독성 화학물질에 의한 피해구제에 대한 법률안〉을 발의하였다. 곧이어 이언주, 심상정, 홍영표 의원이 각각 법률안을 발의하기도 하였다.

하지만 국회입법조사처는 명시적이지는 않았지만 법률의 제정 필요성에 대해 찬반이 대립한다면서 사실상 반대의사를 표했다. 그 이유는 정부의 입장과 동일하게 가습기살균제 피해 해결은 제조업체와 개인 간의 문제이기에 국가가 피해구제에 나서는 것은 적절하지 않다는 데에 있었다. 여러 국회의원이 결의안과 법률안을 내놓았지만 입법조사처가 반대하고 나서면서 특별법 제정의 동력이 약화되고 말았다(임기홍, 2020: 85). 2013년 7월 12일 국회에서 새누리당 의원들이 불참한 가운데 '가습기살균제 피해구제 관련법 공청회'가 개최되었는데, 여기에 참석한 환경부, 보건복지부, 기획재정부 관계자들도 기존 입장을 되풀이하며 법률안 수용을 거부하였다. 역학조사 결과가 나온 지 2년의 시간이 흘렀지만 구체적인 구제방안이 마련되지 않아 고통은 고스란히 피해자들의 몫으로 남겨졌다.

2014년 1월, 피해자모임과 환경보건시민센터는 가습기살균제 피해구제 예산이 삭감된 것에 항의하면서 제조회사를 규탄하고 피해구제법안의 국회 통과를 촉구하는 기자회견으로 새해를 맞이하였다. 곧이어 2014년 3월 11일 폐손상조사위원회(공동위원장 서울대 보건대학원 백도명 교수, 한양의대 최보율 교수)는 2013년 7월부터 진행해 온 조사의 1차 판정 결과를 발표한다. 조사 결과 236가족 361명의 사례 중 ▲거의 확실 127명(35.2%, 사망 57명), ▲가능성 높음 41명(11.4%, 사망 18명), ▲가능성 낮음 42명(11.6%, 사망 8명), ▲가능성 없음 144명(39.9%, 사망 18명), ▲판정불가 7명(1.9%, 사망 21명)이었다. 그리고 폐손상조사위원회는 '폐손상-폐섬유화'를 중심으로 조직병리, 영상의학, 임상의학, 환경평가를 판정기준으로 하는 4단계('거의 확실함'-'가능성 높음'-'가능성 낮음'-'가능성 거의 없음') 피해 판정기준을 수립하였다.

정부는 2014년 3월 이러한 판정기준에 따라 구상권을 전제로 의료비와 장례비를 지원하기로 결정하고 4월 가습기살균제에 사용된 화학물질로 인한 폐질환의 인정 및 지원기준 등에 관한 고시'(환경부, 2014)를 발표하였다. 문제는 1, 2단계 피해자들만 지원을 받고 나머지 3, 4단계는 지원을 하지 않기로 결정한 것이다.

또 다른 문제는 환경부가 4월에 고시를 발표하고 신규피해신고(2차 조사)를 접수하기 시작하였는데 그 기한을 10월 10일까지(6개월)로 한정하면서 실재하는 많은 피해자들이 배제될 수 있다는 점이었다. 이에 피해자모임과 시민단체는 "피해자 현황 파악, 진상규명 및 책임자 처벌, 피해자 보상, 건강피해 조사 및 모니터링, 의료비 지원 제외 대상자 구제" 등의 과제가 많은 시점에서 신규접수 기간을 6개월로 한정하고 서둘러 마감하려는 정부의 태도를 강력하게 비판하고 신고접수 기간 연장과 적극적인 홍보를 통한 피해자 발굴을 요청했다. 아울러 피해자의 판정을 폐손상에 국한하지 말고 피부 및 심장 질환 등 다른 피해 유형에 대한 정밀조사를 해야 한다고 주장했다. 결국 정부는 피해조사를 2015년 12월 31일까지 연장하도록 결정했다. 하지만 그 결정 역시 조사·판정의 '마무리'를 전제한 것이었으며, 폐손상 외의 피해자 유형에 대한 조사는 받아들여지지 않았다.

(3) 공론화를 위한 피해자들의 집단행동과 기업의 기만적인 사과

2012년 8월 옥시싹싹 등 6개 판매업체와 4개 제조업체에 대해 과실치사 혐의로 형사고발(1차)이 있었지만 피해조사 결과가 나와야 수사를 할 수 있다는 이유로 검찰은 시한부 기소중지결정을 내린 바가 있었다. 2년이 지난 2014년 8월 26일, 여전히 가해기업들이 피해자와 유족들에게 책임 있는 사과도 하지 않고 정부의 흡입독성 실험 결과도 인정하지 않고 있는 상황에서 64가구 102명(사망 26사례의 유족 포함)의 피해자들은

14개의 가해기업을 살인혐의로 형사고발(2차)을 하였다. 한편, 2015년 1월 29일 국가를 상대로 낸 손해배상소송에서는 원고패소 판결이 내려졌다. 피해자모임을 비롯한 시민단체는 즉각 성명서를 내고 판결을 수용할 수 없으며, 국가는 책임을 인정하고 피해자 대책 마련에 적극 나서라고 주장하였다. 그리고 2015년 3월 11일 1심에 불복하고 국가를 상대로 항소하였다.[4]

이러한 법정 다툼이 이어지는 가운데 피해자모임은 2015년 5월 여의도 옥시레킷벤키저 입주건물 앞에서 1인 시위를 시작하였고, 같은 달 18일~23일에는 영국 런던 본사를 항의 방문하고 국회의사당과 트래펄가 광장에서 항의시위를 전개하였다. 피해자들의 이러한 활동은 영국 일간지 가디언지("We won't say sorry for link to poison deaths-UK firm", 2015. 5. 24.)와 국제산업보건분야 계간지 Hazards("Come clean - Reckitt Benckiser 'condolences after 100 disinfectant deaths", 2015. 6. 10.)에 보도되었다. 또 국내에서는 한겨레신문이 "옥시싹싹, 침묵의 살인자는 입을 닫았다"(2015. 5. 28.)라는 가습기살균제 영국 항의 방문 르포 특집기사를 게재했으며, KBS가 "가습기살균제 고통은 현재진행형"이라는 제목으로 시사 프로그램 〈취재파일K〉(2015. 6. 21.)에서 다룸으로써 가습기살균제 참사는 세상에 좀 더 알려지기 시작했다.

피해자모임은 정부가 2015년 연말까지만 피해자 접수를 받기로 한 방침에 항의하는 뜻에서 2015년 11월 16일부터 열흘간 도보와 자전거로 부산을 출발하여 서울중앙지검에 이르는 일정으로 행진을 시작하였다. 항의행진은 즉각적인 효과를 냈다. 행진 전에 접수된 피해 신고는 70여 명에 불과했지만 행진 후 한 달 동안 240여 명이 신고를 한 것이다.

4 2015년 9월 2일 "가습기살균제 사건과 국가의 책임"이라는 주제로 서울대학교에서 열린 학술대회(강원대 법학전문대학원, 비교법학연구소, 환경법센터 주최)가 열렸는데, 여기에 참석한 학자들은 국가가 고분자화학물질의 관리에 실패했을 뿐만 아니라 참사 발생 전에 국가가 위험성을 충분히 인지했음에도 적절한 조치를 취하지 않았다는 점에서 책임이 있다고 주장했다.

또 12월까지 신규신청자가 752명으로 집계되어 그 전보다 피해자 신고 수가 1.4배가량 증가하였다(임기홍, 2020: 92).[5]

또 피해자모임은 환경보건시민센터와 함께 2015년 11월 서울중앙지검에 애경과 SK케미칼 등 제조사와 판매사 4개사를 추가로 고발하였다. 그리고 2016년 1월 서울중앙지검이 가습기살균제 수사팀을 확대하면서, 피해자들은 2월부터 옥시를 비롯한 8개사의 전·현직 임원들을 차례대로 검찰에 고발하였다.

가습기살균제 참사가 점차 언론을 통해 알려지고 검찰 고발에 따른 본격적인 수사를 앞두고 있던 2016년 4월, 그 전까지는 적극적인 액션을 보이지 않던 가해기업 일부가 피해자들에게 사과 의사를 밝히기 시작했다. 롯데마트와 홈플러스는 차례대로 공식 사과문을 내고 검찰 수사 직후 보상을 시작하겠다는 입장을 내놓았다. 4월 21일 가장 많은 피해자를 낸 옥시레킷벤키저는 입장발표문을 통해 사과를 했다. 하지만 피해자들은 기자회견을 열고 "감옥에나 가라, 옥시의 사과는 받지 않겠다"며 분노를 터트렸다. 문제는 옥시가 낸 입장발표문의 내용에 있었다. 발표문에는 "피해자분들께서 원하는 부분을 잘 이해하고 경청하여 함께 해결하고자 노력했"다고 말했는데, 옥시는 이때까지 피해자들과 제대로 된 면담조차 하지 않았으며, "상당부분의 사안들이 법원 조정절차를 통하여 합의에 이르러 종결되었"다고 말하면서 추가적인 조치를 취할 의사가 없음을 밝히고 있었기 때문이다. 또 "2014년에 50억 인도적 기금 기탁, 이번에 추가로 50억 더 출연하겠다"는 말은 자신들은 살인에 대한 법적 책임이 없지만, 도의적인 차원에서 선심을 쓴다는 말로 해석되기에 충분했기

5 2015년 연말까지의 3차 피해접수 기간이 끝난 이후에도 환경보건시민센터에 피해 신고가 접수되었다. 이에 환경단체들은 환경부가 가습기살균제 피해를 환경성 질환으로 규정한 만큼 피해접수 기간을 제한하지 말고 상시접수로 전환해야 한다고 요구하고 나섰다(김기범, 2016). 2016년 2월 1일에 발간된 환경보건시민센터 보고서 219호에 의하면 2016년 1월 한동안 202명이 신규접수를 하였다.

때문이다(가습기살균제피해자와가족모임·환경보건시민센터, 2016).

검찰의 수사를 앞두고 있었다는 점, 거짓과 변명 등으로 일관하고 있다는 점에서 옥시만이 아니라 앞선 롯데마트와 홈플러스의 사과 역시 검찰 수사와 민사소송에서 자신들에게 유리한 결과를 내기 위한 기만적 전략이라 평가할 수 있다. 2016년 4월 25일 피해자들은 시민단체와 함께 옥시에 대한 불매운동을 선언한다. 이들은 기자회견을 열고 옥시가 진심어린 사과를 하고 법적·사회적 책임을 지겠다고 약속할 때까지 불매운동을 이어가겠다는 의사를 밝혔다. 4월 28일 옥시 본사 앞에서 규탄대회가 열렸고 125개의 불매 대상 목록이 공개되었다. 그리고 여기에 지자체가 결합하면서 더욱 힘을 얻게 된다. 같은 날 박원순 서울시장은 옥시 제품을 서울시에서 사용하지 않겠다고 발표했다. 또 5월 10일에는 경기도가 옥시 제품 사용을 중단하겠노라고 선언했다. "서울과 경기도 등 최대 규모의 광역지자체가 불매운동에 동참함으로써 피해자들은 큰 정치적 우군을 확보한 셈이었다"(임기홍, 2020: 94).

3) 공적 이슈에서 정치적 이슈로

주요 쟁점

- 가해기업의 증거 조작 및 책임 은폐
- 청문회 개최 여부를 둘러싸고 여야 공방
- 3 · 4단계 피해자 구제 대상에서 제외한 피해단계 체제
- 가습기살균제가 폐 이외 타 신체 기관에도 영향을 미친다는 사실 정부 축소 · 은폐 의혹
- 국가의 책임 여부(15년 전부터 국책연구기관들이 주장한 '살생물제법' 미도입)
- CMIT/MIT에 대한 유해등급 판단
- 가습기살균제와 건강피해 간의 인과관계에 대한 가해기업의 인정 여부
- SK케미칼 제품의 유해성 여부

(1) 검찰조사의 본격화와 언론의 집중 보도 그리고 정치권의 움직임

2016년 3~4월경 옥시레킷벤키저가 서울대와 호서대에 의뢰했던 가습기살균제와 폐질환 간 인과관계에 관한 실험이 조작되었다는 의혹이 언론을 통해 제기되기 시작했다(kbs, 2016. 4. 13.; 매일경제, 2016. 4. 29.; 굿모닝 충청, 2016. 4. 27.). 5월 4일 서울중앙지검은 서울대와 호서대를 압수수색하고 실험일지와 연구기록물 등을 확보했다. 조사 결과 1차 실험에서 인과관계가 인정된다는 실험 결과를 옥시 직원의 집에서 환기를 시킨 상태에서 2차 실험을 하여 인과관계가 명확하지 않다는 조작된 결과를 제출한 것으로 밝혀졌다. 5월 8일 가해기업의 전 대표를 비롯하여 옥시 연구소 연구원 등에게 구속영장이 발부되었다.

이 시기 가장 큰 변화를 보인 것 중 하나는 언론이었다. "가습기살균제 피해 사건에 대한 언론의 보도량은 '인과관계 확인', '사건의 은폐조작' 등의 검찰 조사가 시작되면서 폭발적으로 증가"한 것이다. 조선일보, 한겨레, 매일경제, 한국경제만 놓고 보았을 때 2011년 이래 연간 30건이 넘지 않던 것이 2016년에 총 441건의 기사가 보도되었으며, 그중 263건(약 60%)이 4~5월에 집중되었다(신동혁·여기봉, 2016).

그와 더불어 정치권에서 특별법을 제정하기 위한 움직임이 활발해지기 시작했다. 2016년 4월 27일 당시 야당이었던 더불어민주당은 특별법 제정을 대대적으로 검토하고, 필요하면 청문회를 열겠다고 밝혔다. 또 박근혜 전 대통령이 국무회의에서 가습기살균제 피해 해결이 조속하게 이루어지지 않는 것에 대한 질타가 있은 후 새누리당도 청문회 개최에 대해서는 부정적인 입장을 취하였지만 특별법 제정에 대해서는 긍정적으로 검토하겠다는 의사를 밝혔다(임기홍, 2020: 96).

특별법 제정에 대한 논의가 활발해지는 가운데 피해단계 체계가 또다시 주요 의제로 부상했다. 2016년 4월 28일 심상정 의원은 기자회견을 열고 3, 4단계 의료기록 분석 결과 피해의 정도가 1, 2단계 피해자와 유사하다고 지적하고, 이들을 정부가 피해구제 대상에서 제외시킨 것을 비판하였다. 실제로 가습기살균제와 관련성이 낮거나 거의 없다고 판단된 3, 4단계 피해자들 사이에서도 사망자가 나오고 있었기에 이러한 지적은 합당한 것이라 평가되었다. 또 가습기살균제가 폐 이외의 다른 신체 기관에도 영향을 미친다는 사실을 정부가 그간 축소 은폐해 왔다는 의혹이 제기되기 시작했다(박홍두, 2016). 의혹을 둘러싸고 야당이 적극적으로 환경부를 압박했고 2016년 4월 28일 환경부는 가습기살균제 조사·판정 위원회를 열어 폐 이외의 피해 가능성에 대한 의견을 수렴하고 피해 기준을 마련하도록 결정했다. 물론 이러한 정치권의 움직임과 정부의 태도 변화의 바탕에는 "피해자들의 지속적인 집합행동과 문제 제기, 기존의 연구 결과와 전문가들의 의견이 피해 인정 범위 확대 쪽으로 모아졌기 때문이다"(임기홍, 2020: 97).[6]

2) 국정조사와 청문회를 통한 정치적 이슈화

2016년 4월부터 정부 여당과 야당은 「가습기살균제 특별법」 제정과 청문회 개최를 둘러싸고 공방을 이어갔다. 여당은 피해보상에 한정된 특별법 제정, 구상권을 전제로 정부의 선보상, 검찰 조사 이후 청문회 개최라는 입장을 고수하였다. 반면에 야당은 제19대 국회 내에서 반드시 청문회를 열겠다는 의지를 표명하며 정부와 여당을 압박했다(박홍두, 2016).

2016년 7월 25일 국정조사 특별조사위원회의 현장 조사가 시작되었다. 여기에서 쟁점이 된 것 중 하나는 국책연구기관들이 15년 전부터

6 검찰의 수사가 본격화되던 5월 환경보건시민센터 소장 최예용과 피해자 유족 김덕종은 일주일간 영국 레킷벤키저와 테스코, 덴마크 케톡스를 항의 방문하고 현지에서 가습기살균제 참사를 알리는 시위 활동을 하였다. 또 피해자 모임은 시민단체와 가습기살균제의 피해 실태조사 결과를 발표하는 등 기자회견과 성명서 발표를 지속적으로 이어 갔다.

'살생물제법'을 도입하라고 주장해 왔는데 가습기살균제 참사가 발생한 2011년에도 법제화하지 않았다는 것이다. 이는 국민의 안전을 위한 예방 조치를 취할 의무가 있는 국가가 그 의무를 제대로 수행하지 않았다는 지적이었다. 하지만 국정조사에 참석한 환경부 차관은 "당시 사회적 논의가 법제화까지 이르지 못했다"고 일축해 버렸다. 또 다른 쟁점은 CMIT/MIT에 관한 것이었다. 국정조사 특별조사위원회는 CMIT/MIT에 대해 유해등급 판단을 서둘러야 하고 국정조사기간 내에 결론을 내려야 한다고 주장했다. 이는 CMIT/MIT를 원료로 하는 가습기살균제를 사용한 피해자들을 지원하기 위한 근거가 될 수 있기에 시간을 다투는 문제일 수 있다. 하지만 환경부 차관은 사실상 국정조사 기간 내에 답을 줄 수 없다고 응답했다(윤지아, 2016).

두 달 뒤인 8월 29일 "가습기살균제 참사를 '기업의 탐욕과 정부의 관리 무능이 만들어 낸 사회적 타살·재난'으로 규정한 국정조사 청문회가 시작되었다. 가장 큰 쟁점은 당연히 가습기살균제와 건강피해 간의 인과관계 인정 여부였다. 하지만 피청문인으로 출석한 옥시 측은 질병관리본부의 동물실험 결과를 인정한다고 하면서도 가습기살균제와 피해와는 인과관계가 없다는 입장을 고수하였다. 그러나 청문회 기간 동안 위원들이 구체적인 입증 자료를 제시하자 결국 인과관계를 인정하였다(국회사무처, 2016b).

두 번째로 화두에 오른 것은 SK케미칼이었다. SK케미칼은 '옥시싹싹 가습기당번'의 원료물질을 생산하고, 완제품 '가습기메이트'를 만들어 애경을 통해 판매하였으나 검찰 수사에서 제외된 바가 있었다. 이날 출석한 SK케미칼 대표는 2011년 진행된 동물 흡입독성 실험에서 해당 제품이 폐손상을 일으킨다는 결과가 나오지 않았다는 점을 들어 책임이 없다고 강변하였다. 하지만 이미 환경부가 가습기메이트만 사용한 폐손상 피해자가 5명이나 된다고 판정했기에 대표의 항변은 무책임한 것일 수밖에 없었다(김기범, 2016).

2016년 12월 23일 국회 환경노동위원회는 〈사회적 참사의 진상규명 및 안전사회 건설 등을 위한 특별법〉을 신속처리안건 대상으로 지정하고 적극적인 입법의지를 밝혔다. 이제 가습기살균제 참사는 정치적 이슈화의 단계에서 법제화를 통한 제도적 장치 마련 단계로 진입하고 있었다.

4) 정치적 이슈에서 제도화 단계

주요 쟁점
· 국가의 잘못 인정과 사과, 법적 책임 · 상한선 없는 징벌적 손해배상제 도입 · 집단소송제 도입 및 기업에 대한 형사책임 강화 · 피해 판정기준 확대 및 피해단계 체제 완화 또는 폐지 · 소비자 제품 안전관리 강화 · 참사의 규모에 비해 가벼운 처벌 · 시중판매 최소 46개 제품 중 4개 제품만 재판 대상 · CMIT/MIT계열 SK, 애경 등의 가해기업 처벌 · 특별법 시행령 심사 방식

(1)「가습기살균제 피해구제를 위한 특별법」 제정과 피해 인정질환 확대

2017년 1월 20일 국회 본회의에서 찬성 154명, 기권 2명으로 「가습기살균제 피해구제를 위한 특별법」(2017년 2월 8일 제정)이 통과되었다. 앞서 특별법의 제·개정 과정을 살피면서 보았듯이 이 법률은 제1조에서 "독성이 판명된 화학물질을 함유한 가습기살균제의 사용으로 인하여 생명 또는 건강상 피해를 입은 피해자 및 그 유족을 신속하고 공정하게 구제하는 것을 목적으로 한다"고 밝히고, 제2조에서는 '가습기살균제 건강피해'를 "독성 화학물질을 함유한 가습기살균제에 노출됨으로써 발생한 폐질환과 그 밖에 대통령령으로 정하는 생명 또는 건강상의 피해"로 정의하고 있다. 특별법은 가습기살균제의 피해를 폐질환으로 한정하지 않고 그 외의 질환으로까지 확장 가능성을 열어 두고 있는 것이다. 또 제5조에서는 "생명 또는 건강상의 피해가 독성 화학물질을 함유한 가습기살균제에 의한 것으로 볼만한 상당한 개연성이 있는 때에는 해당 가습기살균제로 인하여 생명 또는 건강상의 피해가 발생한 것으로 추정 한다"고 명시하고 있는데, 이는 가습기살균제와 피해 간의 '상당한 개연성'이 있을 경우 인과관계가 있는 것으로 본다는 의미로 해석되어 피해 인정의 문턱을 낮추었다는 의미로 해석된다.

이는 그동안 주요한 쟁점으로서 다루어져 왔던 질환의 종류와 인과관계에 대한 문제의식이 반영된 것이라 볼 수 있다. 그럼에도 불구하고 이 법률은 주요한 세 가지 논쟁점을 안고 있었다. 우선, 이 법률은 제4조에서 사업자가 손해배상의 책임이 있음을 명시하고 있는 반면 국가의 책무를 피해구제의 지원 대책 수립·시행으로 한정(제3조)하고 있으며 피해구제 기금에서 정부기금이 빠져있다는 점이다. 앞서 2016년 12월 29일 국회 환경·노동상임위원회에서 법안이 의결되고 나서 피해자모임과 시민단체는 정부의 책임을 반영하지 않은 데에 항의 성명서를 낸 바가 있었다. 가습기살균제 참사가 명백히 정부의 관리 감독 소홀과 책임 방기로 야기되었다는 점을 부정할 수 없기에 특별법이 정부에게 면죄부를 주는 역할을 했다는 비판을 피해갈 수 없게 된 것이다.

둘째, 2016년 12월 29일 피해자모임과 시민단체의 성명서에도 지적하듯, 이 법안은 제조사에 대한 징벌조항을 포함하고 있지 않다는 점에서도 문제가 있다. 1천 명이 넘는 사람들을 사망에 이르게 하고, 참사 이후 조사 결과를 지속적으로 부인하고 증거를 조작·은폐하기까지 했다는 점에서 재발 방지 차원에서라도 징벌적 조항은 반드시 필요한 것이다. 또 제31조에 가해기업들의 출연금(특별구제계정 금액)을 2천억 원 이내로 제한 것 역시 피해자의 범위가 얼마나 늘어날지 모르는 상황에서 논란의 여지가 있었다.

셋째, 소멸시효를 '손해배상책임을 지는 자를 안 날로부터 5년간', '피해가 발생한 날부터 20년간'(제41조)으로 하는 특례조항도 문제의 소지가 있다. 이렇게 되면 가습기살균제가 처음 판매되기 시작한 1994년 초기에 사망했거나 질환을 얻은 사람들은 피해구제를 받을 수 없는 경우가 발생할 수 있기 때문이다.

한편, 2017년 3월 27일 환경부는 3차 판정 결과를 발표하고, 환경보건위원회를 열어 가습기살균제 노출로 인한 태아 피해 인정기준을 마련하였다. 직접적인 노출이 없었다고 할지라도 산모가 임신 중 가습기살균제에 노출되어 피해를 입은 출생아에 대해서도 구제방안이 마련된 것이다. 하지만 산모의 피해 인정기준이 폐질환에 묶여 있는 상태였기에 실질적으로 달라진 것은 없었다. 정부는 여전히 폐섬유화 이외 뇌질환 등 그 밖의 질환자를 피해자로 인정하지 않고 있었다. 특히 CMIT/MIT에 노출된 피해자의 경우 정부는 여전히 연구 중이라는 말만 되풀이할 뿐이었다.

정부의 피해자 조사·판정은 여전히 지지부진했다. "2017년 3월까지 정부에 피해 사실을 접수한 피해자 5,531명 중 판정받은 이는 982명(17.8%)에 불과했다. 그러나 정부의 일시적 지원 대상이 되는 1단계, 2단계 피해자는 각각 179명과 97명뿐이었고, 대부분의 3, 4단계 피해자들과 판정 불가 결과를 통보받은 피해자들은 지원을 받지 못하고 있었다(임기홍, 2020: 103)." 그 와중에 그나마 다행인 것은 2017년 9월 26일 2차 피해구제위원회에서 천식을 건강피해로 인정하였다는 점이다. 폐섬유화 질환과 태아피해에 이어 3번째로 천식이 가습기살균제 피해 질환으로 인정된 것이다.

(2) 피해자들의 정치적 압박 활동과 국가의 사과

2017년 5월 대선을 앞두고 피해자들은 대선 후보에 대한 정치적 압력을 가했다. 2017년 문재인 후보 등이 참가한 가운데 '안전한 나라를 위한 공약 및 실천대회'를 광화문 사거리에서 개최하였으며, 4월 27일에는 명동 포스트타워 앞에서 기자회견을 열고 대선 후보들에게 "가습기살균제 참사 해결을 공약해 주세요"라고 요청했다. 피해자들은 가습기살균제 참사를 '화학물질 국가 재난'으로 규정하고 네 가지의 정책을 제안하였다. 주요 내용을 보면 다음과 같다. 첫째, 가습기살균제 참사는 정부의 책임이며, 정부는 잘못을 인정하고 사과해야 한다. 둘째, 가습기살균제 참사는 기업의 잘못이며, 상한선 없는 징벌적 손해배상제 및 집단소송제를 도입하고 기업에 대한 형사책임을 강화해야 한다. 셋째, 억울한 피해자가 단 한 명도 없도록 피해 판정기준을 확대하고 피해단계 체제를 완화 또는 폐지해야 한다. 넷째, 소비자 제품 안전관리를 강화하고 생활화학제품의 전 성분을 등록 및 표시를 의무화해야 한다.

이러한 피해자들의 요구에 대부분의 대선후보들은 제2의 가습기살균제 참사를 막겠다고 응답했다. 그리고 문재인 후보가 당선된 다음 날인 2017년 5월 11일 피해자들은 광화문 사거리에서 기자회견을 열고 문재인 대통령이 후보시절 공약한 참사에 대한 국가 책임 인정과 사과, 집단소송제 전면 도입 등에 대한 약속을 지키고 가습기살균제 참사를 꼭 해결해 달라고 호소했다(가습기살균제피해자와가족모임·가습기살균제참사전국네트워크, 2017). 2017년 6월 5일 청와대 박수현 홍보수석은 브리핑을 통해 문재인 대통령이 가습기살균제 피해 관련 사과와 진상규명 및 지원 확대, 재발 방지 대책, 피해자와의 직접 만남을 준비할 것을 지시했다고 밝혔다. 그리고 2017년 8월 8일 문재인 대통령은 피해자 대표단을 청와대로 공식초청하고 정부를 대표해 공식적으로 사과하였다. 하지만 이러한 대통령의 사과는 국가의 법적 책임을 인정하는 것으로 나아가지 않았다. 관련부처들이 국가의 책임을 인정할 경우 손해배상 청구소송의 우려가 있다는 의견을 내놓은 것이다. 대신 정부는 특별구제계정에 일정 부분 정부예산을 출연해 피해구제 재원을 확대하는 방안을 추진하겠다는 약속을 했을 뿐이다.

(3) 가해기업에 대한 사법부와 공정위의 솜방망이 처벌

2018년 1월 25일 대법원은 업무상과실치사 등의 혐의로 기소된 옥시 신현우 전 대표에게는 항소심에서 선고한 징역 6년을, 존 리 전 대표에게는 증거불충분으로 무죄 판결을 확정했다. 그리고 2016년에 검찰이 기소하였던 세퓨 오유진은 징역 5년, 홈플러스 김원회는 징역 4년, 롯데 노병용은 금고 3년의 판결을 받았다. 이에 피해자들은 2018년 1월 19일까지 신고된 피해자만 하더라도 6천여 명이고 그중 사망자가 1,300여 명이며, 잠재적 피해자만 30만~50만이나 되는 유례를 찾아볼 수 없는 대규모 참사임에도 기소되었던 가해기업 임직원 14명의 형량을 모두 합쳐 53년밖에 되지 않다는 점에서 솜방망이 처벌이라고 강하게 비판하였다. 또한 피해자들은 가습기살균제 제품이 최소 46개나 되는데 검찰이 기소해 재판을 받은 제품은 4개에 불과하다며, 특히 CMIT/MIT를 원료로 사용한 SK, 애경이나 이마트 등의 제품에 대해서는 수사조차 이루어지지 않고 있다고 비판하였다.

2018년 2월 7일 공정거래위원회는 전원회의를 통해 CMIT/MIT를 원료로 한 가습기살균제 제조·판매사에 대한 국가의 조치가 시작되었다. SK케미칼, 애경, 이마트에 대해 "인체의 안전과 관련된 정보를 은폐·누락하고, 안전과 품질을 확인받은 제품인 것처럼 허위로 표시·광고한 행위에 시정명령 및 과징금(총 1억 3,400만 원) 부과를 결정했다." 또 해당 기업의 법인 및 대표이사를 각각 검찰에 고발하기로 결정했다(임기홍, 2020: 112). 피해자 측은 이러한 공정위의 조치 역시 솜방망이 처벌에 불과하다고 문제를 제기하였다. 왜냐하면 2016년 7월에 작성된 공정위 사무처의 심사보고서는 애초 애경에 대해서는 81억 원, SK케미칼에 대해서는 250억 원의 과징금을 부과해야 한다는 의견을 제출했지만 해당 조치로 내려진 과징금은 보고서 의견 금액의 0.5%에 해당할 뿐이었기 때문이다.

(4) 「가습기살균제피해구제법」의 개정과 구제계정 판정기준에 대한 문제 제기

2018년 7월 26일 국회 본회의에서 「가습기살균제피해구제법」 일부개정안이 통과되었다. 가장 핵심적인 내용은 "구제계정운용위원회의 심의를 거쳐 구제급여에 상당하는 지원이 필요하다고 인정하는 사람" 즉, 이전에 "3, 4단계 단계 판정을 받아서 사실상 피해자가 아닌 것으로 간주되던 대다수의 피해자들을 '가습기살균제 피해자'로 보기로 한 것이다"(임기홍, 2020: 114). 또한 신설된 제9조 2에서는 구제급여 및 구제계정의 지원대상이 아니지만 노출이 확인된 신청자(노출확인자)는 노출확인자 단체를 구성하여 정보를 청구할 수 있도록 하였다. 또 이 개정된 법률은 특별구제계정의 재원에 정부출연금을 추가하였고, 손해배상청구권의 소멸시효기간도 20년에서 30년으로 변경하였다.

하지만 이는 정부가 3, 4단계 판정을 받은 사람들을 '공식' 피해자로 인정한 것이 아니기에 가해기업으로부터 손해배상을 받을 수 없는 문제를 고스란히 남겨두고 있었다(김시연, 2019). 아울러 정부가 엄격한 판정기준을 적용하고 있어 사실상 피해자들이 특별구제계정을 받지 못하고 있는 상황이라는 점이 지적되었다. 2018년 10월 이정미 의원은 "가습기살균제 피해자 특별구제계정 1,250억 원 중에서 피해자들에게 지원된 금액은 전체 계정의 8.4% 수준인 104억 7천만 원에 불과했다"고 지적하고 "구제계정 판정기준을 재수립해야 한다"고 주장했다(국회사무처, 2018).

(5) CMIT/MIT가 함유된 가습기살균제를 제조 · 판매 가해기업 검찰 고발

2018년 10월 29일 환경부는 CMIT/MIT가 함유된 가습기살균제를 제조·판매한 SK케미칼, 애경 역시 가습기살균제 피해에 대한 책임을 져야 한다는 의견을 내놓는다. 이는 앞서 환경부가 CMIT/MIT 관련 제품들이 PHMG로 인한 피해자와 동일한 특이적 질환이 나타났고 인정한 바에 따른 판단이다. 국회에서도 여기에 힘을 실어 신창현 의원이 국정감사에서 SK케미칼과 애경에 대한 검찰 수사 재개를 촉구했다. 그리고 환경부 차관은 동물실험 결과를 검찰에 알리겠노라고 답변했으며 같은 해 11월 중순 그와 같이 실행했다.

이에 피해자들은 2018년 11월 27일 두 가해기업을 2년 만에 다시 검찰에 고발했다. 곧이어 2019년 1월 검찰은 해당 기업 본사와 관계자의 자택을 압수수색하고 관련 자료를 확보했다. 그리고 수사는 빠르게 진행되어 가해기업 임직원 총 34명을 '업무상과실치사상·증거인멸·은닉' 혐의로 기소했다. 검찰은 2019년 7월 23일 재수사를 마무리하면서 해당 기업들이 안정성 검증을 제대로 하지 않고 제품을 부실 개발하였다는 점, 원료물질의 독성정보를 은폐하였다는 점, 진상규명을 방해하였다는 점을 밝혀냈다고 발표했다(서울중앙지방검찰청, 2019). 이에 사참위는 환영의 뜻을 밝히면서도 검찰 수사가 정부의 과실 부분까지 책임을 묻지 못한 것은 한계라고 지적하였다(사회적참사특별조사위원회, 2019d).

(6) 피해지원 제도 개선을 위한 특별법 개정과 시행령의 문제점

2019년 10월 18일 전현희 의원이 특별법 개정안을 발의한다. 이 개정안 2019년 8월 13일 사참위가 내놓은 '가습기살균제 피해지원 제도 개선 방안 7대 원칙'에 바탕을 두고 있다. 이는 사참위 출범 후 권역별 피해자 설명회, 전문가 간담회, 피해자 개별 면담, 연구 용역사업 등을 통하여 마련한 것으로서 〈표 1〉과 같이 ▲가습기살균제 관련 질환자는 차별 없이 모두 건강피해자로 인정, ▲사전 고시 여부와 상관없이 가습기살균제 관련 질환을 모두 인정, ▲법률취지에 합당한 심의기준 개선, ▲구제급여와 구제계정을 통합하여 기금으로 확대하고 위로금 등 실질적 피해지원,

▲피해자가 소송 제기 시 정부의 지원 의무화, ▲판정절차 간소화 및 피해자 추천위원 참여 확대, ▲지속적인 피해지원 시스템 구축 등을 제시하였다. 그리고 2019년 8월 국회 청문회에서 사참위가 제시한 위의 내용에 대해 환경부 장관은 반영하겠다는 약속을 한 바가 있다.

〈표 1〉 가습기살균제 피해지원 제도 개선방안 7대 원칙

구분	현행 제도	사참위 개선안
피해자 구분	건강피해 인정자, 구제계정 대상자, 노출확인자로 구분	관련된 질환으로 판정된 사람은 모두 건강피해자로 인정
질환 인정 방식	사전 고시된 질환만 협소하게 인정	사전 고시 질환 확대 및 그 외 질환은 독립된 판정위원회에서 판정
심의기준	(구제급여) 상당한 인과관계 (구제계정) 의학적 개연성	관련성 있는 질환* 인정 * 노출확인, 시간적 선후관계, 기저질환 악화, 전적으로 다른 질환(원인)이 아닌 경우
급여 구분 및 피해지원 내용	(구제급여) 정부재정 (구제계정) 기업분담금+정부 출연금(일부) (지원수준) 요양급여 등 최소한의 경비	구제급여와 구제계정을 통합, 확대하여 기금 조성 → 위로금, 일실수입 등 실질적 피해 지원
소송 지원	–	피해자가 기업을 상대로 소송 제기시 정부지원 의무화
판정기구	피해구제위원회, 구제계정운용위원회, 조사판정전문위원회 등	판정절차 간소화, 피해자 또는 피해자단체의 추천위원 확대
피해자 장기 지원	–	피해자를 지속적으로 지원할 수 있는 시스템 구축

* 출처: 사참위 기자회견문, 2020.

하지만 법률의 개정과정은 순탄하지 않았다. 2019년 12월 16일 위의 개정안이 환경노동위원회에서 가결되었다. 그리고 2020년 1월 9일 국회 법사위로 넘어갔다. 하지만 '사업자 이중 배상 부담' 등 위헌적 소지가 있다는 법무부·기획재정부 등의 검토 내용과, "개정안에 따르면 가습기살균제 사업자는 가습기살균제가 아닌 다른 원인으로 인하여 피해가 발생하였다는 사실을 증명하지 못하면 손해배상을 할 수밖에 없게" 되며 "개인의 건강에 관한 정보는 해당 개인이 관리하는 영역에 주로 편재되어 있다는 점에서 가습기살균제 사업자가 이를 증명하는 것은 현실적으로 어렵고, 가습기살균제의 노출과 관련성이 적은 질환이더라도 노출 시점 이후 발생되거나 악화된 질환이면 가습기살균제로 인한 피해로 인정되어 가습기살균제 사업자에게 책임이 전가될 가능성도 있"다는 의견이 제시되면서 결국 의결이 보류되었다(국회, 2020).

이는 "증명의 정도를 극단적으로 완화해 사업자의 책임 범위를 대폭 확대했다. 일반적인 손해배상의 인과관계 추정 법리와 비교해서도 인과관계가 지나치게 쉽게 추정된다"는 옥시 측의 의견과 거의 일치한다(동아일보, 2020. 1. 13.).

이에 1월 16일 사참위와 가습기살균제 피해자들은 '가습기살균제 피해구제를 위한 특별법 개정안 조속통과 촉구 기자회견'을 열고 법무부와 기획재정부가 사실상 기업 입장에서 의견을 내 법안 취지를 훼손했다고 주장하면서 정부와 기업은 특별법 개정에 적극 협력하라고 촉구하였다. 또 피해자모임은 국회 앞에서 「가습기살균제 피해구제 특별법」 개정을 촉구하는 1인 시위를 이어갔다. 그리고 2019년 3월 4일 우여곡절 끝에 일부 수정으로 국회 법사위를 통과하였으며, 3월 6일 〈가습기살균제 피해구제를 위한 특별법 일부 개정법률안〉이 본회의 통과(재석 180, 찬성 179, 기권 1)하였다.

개정된 특별법은 피해 질환을 특정하지 않는 피해 인정 범위 확대,

피해자의 입증책임 완화, 구제급여와 특별구제계정의 통합을 통한 피해자 지원 강화, 장해급여를 포함한 구제급여 지원 범위 확대, 가해기업에 대한 추가 분담금 부과, 손해배상청구권 소멸시효 연장 등의 내용을 담고 있다.

하지만 또다시 문제는 2020년 9월 15일 국무회의에서 의결된 특별법 개정에 따른 시행령 일부개정안에서 발생한다. 이 법안은 아래 표에서 보듯이 피해 질환에 대한 개별 심사 중심의 판정, 특별유족조위금을 7천만 원에서 1억 원으로 상향, 장해급여는 요양생활수당과 병급 불가를 주요 골자로 하고 있다. 이에 사참위는 이 개정안이 피해판정 완료까지 소요기간조차 예측할 수 없어 피해자의 불안을 가중시키고, 피해 인정 확대기준 마련, 특별유족조위금 상향, 장해급여 병급 등 핵심 요구 사항을 미반영하였다는 점에서 불완전한 시행령이라 비판하였다.

2 사회적 의제화 과정의 특징과 주요 쟁점

보았다시피 처음 가습기살균제로 인한 피해는 7년 동안 세상에 알려지지 않은 채 질환과 사망 피해자를 양산해 오고 있었다. 그러다 2011년 원인 미상의 폐질환 환자를 치료한 병원 측에서 질병관리본부에 신고를 하고 역학조사를 하면서 가습기살균제 참사는 본격적으로 공론의 장에 들어오게 된다. 이 점을 현승효·이민규(2020)는 "사회문제는 광장(arena)에서 경쟁을 벌"인다는 광장의 초점 모델에 따라 설명한다. 이들에 따르면 "2011년 이전에는 가습기살균제라는 새로운 문제가 이익집단, 의회 등의 주목을 받을 수 있는 광장의 초점(focus of arena)을 벗어나 있었고, 전문지식을 갖춘 전문가·관료가 적극적으로 대응하지 않아 사고가 발생"했고, "2011년 가습기살균제 문제는 '신종전염병 억제'라고 하는 다른 이슈로 전환되어, 광장의 초점영역으로 들어오게" 된 것이다(7-8).

라이히의 '유독물질의 정치' 모델에 비추어 보자면 광장의 초점영역 안으로 의제가 들어오도록 만드는 이슈의 전환에서 중요한 것은 미디어의 개입이다. 하지만 가습기살균제 참사의 경우 이 시기 언론보도는 원인 미상의 폐질환에 대한 공포가 확산되고 있다는 수준에서 현상에 대한 보도만을 했을 뿐이다. 오히려 그 원인을 직접적으로 드러내게 한 계기는 의료계의 신고와 조사 의뢰 그리고 시민단체의 자체조사 결과 발표였으며, 이를 통해 가습기살균제 참사는 비로소 공적 이슈가 될 수 있었다.

원인 미상의 폐질환이 가습기살균제의 원료로 사용된 화학물질 때문이라는 점이 밝혀지면서 떠오른 주요 쟁점은 ① 유해성 제품을 제조·판매한 기업과 안전관리의 의무를 다하지 않은 국가의 책임 인정, ② 정부의 신속한 피해구제 대책 마련, ③ 피해단계 체제를 통한 구제 대상 한정, ④ 가벼운 가해기업 과징금 부과, ⑤ CMIT/MIT의 독성과 관련 제품의 유해성 인정 등이었다.

하지만 정부는 국가의 책임을 부정하고 피해자의 보상 문제를 기업과 피해자 간의 해결 프레임으로 몰아넣고 방관자적 자세를 취했으며, 피해자 실태조사와 구제를 위한 대책 마련에서 미온적으로 대응하는 등 사태를 축소하고 봉합하려는 행태를 보였다. 기업 역시 책임을 일관되게 부인했으며, 피해자들에게 진심 어린 사과를 하기보다는 비난 여론을 약화시키고 처벌의 수위를 낮추기 위한 기만적인 전략을 취했다. 또 심지어 증거를 조작·은폐하기도 하였다.

가습기살균제 참사는 2016년 새로운 전환점을 맞는다. 가해기업이 실험 결과를 조작하였다는 것이 검찰 수사 결과 사실로 드러났으며, 이를 언론에서 주요하게 다루면서 문제의 심각성을 인식하게 만든 계기가 되

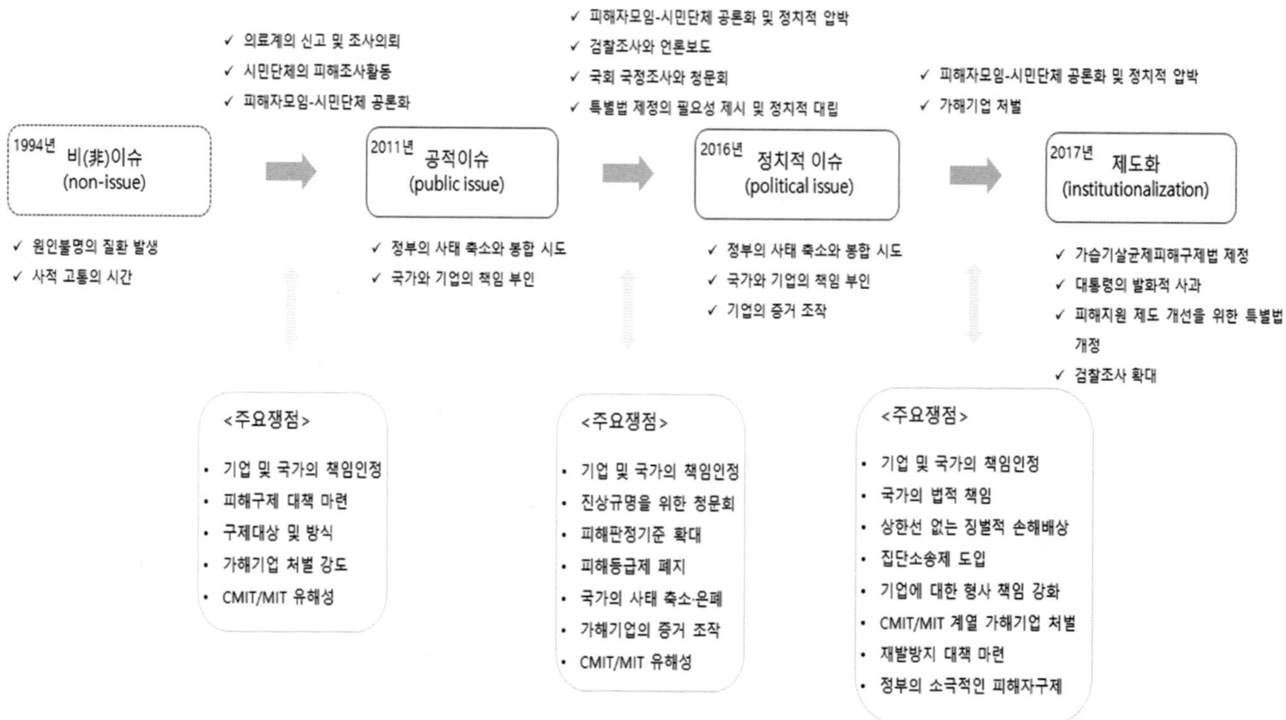

〈그림 1〉 가습기살균제 참사의 사회적 의제화 과정과 주요 쟁점

었다. 물론 그 바탕에는 지속적으로 거리에서 싸웠던 피해자모임-시민단체가 있었다. 이들은 수차례의 항의시위와 기자회견, 성명서 발표 등을 통해 참사의 실상을 세상에 알리고 지속적으로 정치권에 압박을 가했다. 그 결과 국회 국정조사와 청문회를 개최하였으며, 특별법 제정의 필요성이 제기될 수 있었다.

그러나 사실상 앞서 제시한 쟁점들 중 어느 것 하나 제대로 해결된 것이 없었다. ① 국가와 기업은 스스로의 책임을 인정하지 않았으며, 정부는 오히려 기업의 편에 서서 특별법 제정을 반대하기도 하였다. 또 ② CMIT/MIT의 독성과 관련 제품의 유해성이 재평가되지 않아 해당 제품을 사용한 피해자들의 구제가 지연되고 있었다. 그리고 ③ 피해 판정기준이 폐질환에 국한되어 이외의 질환을 가졌거나, ④ 3·4단계를 받아 구제 대상에서 배제된 피해자들의 구제는 제대로 이루어지지 않고 있었다.

그렇다고 성과가 없었던 것은 아니었다. 검찰조사가 확대되고 속도를 더하면서 가해기업과 관련자들에 대한 민형사상 처벌이 이루어졌다. 하지만 보았듯이 이들에 대한 처벌은 참사의 규모와 참혹성에 비하면 너무나도 약했으며, 그런 이유로 ① 상한선 없는 징벌적 손해배상, ② 집단소송제 도입, ③ 가해기업에 대한 형사책임 강화 등이 주요 쟁점으로 떠올랐다. 아울러 그동안 ④ 검찰조사에서 제외되어 있던 CMIT/MIT 계열 가해기업을 처벌하라는 요구도 쟁점화되었다.

이러한 쟁점이 산적한 가운데 2017년 드디어 특별법이 제정된다. 그 과정은 험난하였지만 비로소 피해지원을 위한 법적 제도화를 이루어 낸 것이다. 그렇지만 이 특별법은 여전히 피해단계 체제, 피해 판정기준, 구제급여과 구제계정의 분리, 피해 판정절차, 지속 가능한 피해지원 시스템 구축 등 많은 과제를 안고 있었다. 특별법이 제정된 2017년 이래 두 차례의 법률개정이 있었으며, 그 과정에서 피해 질환을 폐질환에 국한하지 않는 피해 인정 범위 확대, 피해자의 입증책임 완화, 구제급여와 구제계정의 통합, 장해급여를 포함한 구제급여 지원 범위 확대, 가해기업에 대한 추가 분담금 부과, 손해배상청구권 소멸시효 연장 등을 이루어냈다. 하지만 여전히 ① 국가의 법적 책임 인정, ② 재발 방지를 위한 대책의 수립, ③ 신속하고 충분한 피해구제를 위해서는 불완전한 특별법 시행령의 수정 등은 과제로 남아 있는 상황이다.

〈표 2〉 가습기살균제 참사의 사회적 의제화 과정에서의 주요 이슈와 쟁점

구분	사태전개	주요 이슈	주요 쟁점	비고
비이슈 (non-isuue)	1994년 가습기살균제 개발 · 판매 원인불명의 질환 발생과 사적 고통의 시간 2011년까지 연간 60만 개의 제품 판매	–	–	1995년 54세 성인과 영아 최초 사망(2017년 3월 보고) 정부의 관리 감독 의무 방기
비이슈에서 공적 이슈로	의료계의 신고와 시민단체의 조사활동	2011. 4. 병원 측 질병관리본부에 원인 미상의 폐질환 신고 및 역학조사 의뢰	–	
		환경보건시민센터 정부의 광범위한 피해조사와 제품의 즉각적인 회수조치 촉구	CMIT/MIT 함유 제품 수거명령 대상에서 제외 피해자들에 대한 대책 전무 피해보상 제조사와 피해자 간의 문제로 보는 정부 입장	
		질병관리본부 즉각적인 조사 미착수, 환경보건시민센터 자체조사 3차례 결과 보고		
		2011. 11. 보건복지부 수거명령 발동 및 사용 중단 강력 권고		
	정부의 사태 축소와 봉합 시도에 맞선 피해자모임과 시민단체의 활동	2012. 7~8. 공정위 판매사 4곳 과징금 약 5,200만 원 부과, 검찰 수사 착수	공정위 솜방망이 처벌	정부와 관계부처 가습기살균제 피해 해결은 제조업체와 개인 간의 문제라는 입장 고수
		2012. 12. 피해자와 시민단체의 요청에 따라 폐손상조사위원회 출범 / 폐손상조사위원회 추가 보완조사 및 CMIT/MIT에 대한 독성 평가 요구	폐손상조사위원회의 요구에 대한 정부의 미온적 대응 CMIT/MIT에 대한 독성 재평가	
		가습기살균제피해대책모임과 환경보건시민센터 2013년 초부터 피해 대책을 촉구하는 사진전시, 기자회견, 1인 시위 등	피해 대책 조속 마련	
		2013. 3. 25. 심상정 의원 〈가습기살균제 피해자 구제를 위한 결의안〉 제출	국회입법조사처, 정부 법률 제정의 필요성에 대해 반대	

비이슈에서 공적 이슈로		2014. 3. 11. 폐손상조사위원회 4단계 피해 판정기준 수립	피해판정 폐손상에 국한 3, 4단계 피해자 구제 대상에서 제외 피해신고 기간 6개월(2014년 10월 10일)로 한정	
	공론화를 위한 피해자들의 집단행동과 기업의 기만적인 사과	피해자들 14개의 가해기업을 살인혐의로 형사고발 / 국가상대 손해배상청구소송 항소	국가 및 가해기업의 진심어린 사과와 법적 · 사회적 책임	서울시, 경기도 등 최대 규모의 광역지자체 불매운동 동참
		2015. 5. 피해자모임 옥시 입주건물 앞 1인 시위 시작 / 2015. 5. 18~23. 런던 본사 항의 방문, 현지 항의시위 전개	옥시 본사의 사과와 책임	
		2015. 11. 정부의 피해자접수기간에 항의, 전국 행진	6개월로 한정한 피해신고 기간	
		2016. 4. 검찰 수사 앞두고 가해기업 일부 사과	가해기업의 기만적인 사과	
		2016. 4. 옥시 불매운동		
공적 이슈에서 정치적 이슈로	검찰조사의 본격화와 언론의 집중 보도 그리고 정치권의 움직임	2016. 3~4. 옥시 서울대와 호서대에 의뢰했던 가습기살균제와 폐질환 간 인과관계 실험 조작 의혹 제기 / 언론의 집중 보도	가해기업의 증거 조작 및 책임 은폐	
		특별법 제정에 대한 정치권의 활발한 움직임	여당 검찰 조사 이후 청문회, 야당 19대 국회 내에서 청문회 개최	
		2016.04.28. 심상정 의원 3, 4단계 의료기록 분석 결과 1, 2단계 피해자와 유사하다고 지적	3, 4단계 피해자 구제 대상에서 제외한 피해단계 체제 가습기살균제가 폐 이외의 다른 신체 기관에도 영향을 미친다는 사실을 정부가 그간 축소 은폐해 왔다는 의혹 제기	
	국정조사와 청문회를 통한 정치적 이슈화	2016. 7. 25. 국정조사 특별조사위원회 현장 조사 시작	국가의 책임 여부(15년 전부터 국책연구기관들이 주장한 '살생물제법' 미도입) CMIT/MIT에 대한 유해등급 판단	
		2016. 8. 29. 국정조사 청문회	가습기살균제와 건강피해 간의 인과관계에 대한 가해기업의 인정 여부 SK케미칼 제품의 유해성 여부	옥시 청문회에서 인과관계 인정, SK 불인정
정치적 이슈에서 제도화 단계	「가습기살균제피해구제법」 제정과 피해 인정 질환 확대	2017. 1. 20. 〈가습기살균제 피해구제를 위한 특별법〉(2017년 2월 8일 제정) 국회 본회의 통과	정부의 책임 미반영 / 가해기업 징벌조항 미포함 / 가해기업들의 출연금 2천억 원 이내로 제한 / 소멸시효 지정	
		2017. 3. 27. 환경부 환경보건위원회 가습기살균제 노출로 인한 태아 피해 인정기준 마련	산모의 피해 인정기준이 폐질환에 묶여 있는 상태에서 태아 피해 인정기준의 실효성	

		2017. 9. 26. 2차 피해구제위원회 천식을 건강피해로 인정	–	
	피해자들의 정치적 압박 활동과 대통령의 사과	대선을 앞두고 피해자들 대선후보에 대한 정치적 압력	정부의 잘못 인정과 사과 상한선 없는 징벌적 손해 배상제 및 집단소송제 도입 기업에 대한 형사책임 강화 피해 판정기준 확대 피해단계 체계 완화 또는 폐지 소비자 제품 안전관리 강화	
		2017. 8. 8. 문재인 대통령 피해자 대표단 청와대 공식초청, 정부를 대표해 공식 사과	국가의 법적 책임 부정	
	가해기업에 대한 사법부와 공정위의 솜방망이 처벌	2018. 1. 25. 대법원 가해기업에 대한 선고	참사의 규모에 비해 너무나 가벼운 형량 선고 시중판매 최소 46개 제품 중 4개 제품만 재판 대상 CMIT/MIT 원료로 사용한 SK, 애경이나 이마트 등의 제품 미수사	
		2018. 2. 7. CMIT/MIT 함유 제품 제조 · 판매사에 대한 공정위 과징금(총 1억 3,400만 원) 부과 및 검찰 고발	2016년 7월 작성된 공정위 사무처 심사보고서 의견에 비해 터무니없이 적은 과징금 부과	
정치적 이슈에서 제도화 단계	가습기살균제피해구제법의 개정과 구제계정 판정기준에 대한 문제 제기	2018. 7. 26. 가습기살균제피해구제법 일부개정안 통과	3, 4단계 판정자 '공식' 피해자로 미인정 구제계정 판정기준의 재수립	
	CMIT/MIT가 함유된 가습기살균제를 제조 · 판매 가해기업 검차 고발	2018. 10. 29. 환경부 CMIT/MIT 계열 가습기살균제 제조 · 판매 기업 역시 책임을 져야 한다는 의견 제출	SK, 애경 등의 가해기업 처벌	
		2018. 11. 27. 피해자들 CMIT/MIT가 함유된 가습기살균제를 제조 · 판매한 SK케미칼, 애경 등 검찰에 재고발	검찰 수사 정부의 과실 부분까지 책임을 묻지 않음	
		2019. 1. 검찰 가해기업 임직원 총 34명 '업무상과실치사상 · 증거인멸 · 은닉' 혐의로 기소		
	피해지원 제도 개선을 위한 특별법 개정과 시행령의 문제점	2019. 10. 18. 전현희 의원, 사참위가 내놓은 '가습기살균제 피해지원 제도 개선 방안 7대 원칙'에 근거한 특별법 개정안 발의	전현희 발의안에 대해 법무부 · 기획재정부 등 '사업자 이중 배상 부담' 등 위헌적 소지 주장 / 옥시 측 증명 정도의 극단적 완화로 인한 사업자의 책임 범위 대폭 확대 등의 이유로 항의	〈가습기살균제 피해지원 제도 개선방안 7대 원칙〉 ▲가습기살균제 관련 질환자는 차별 없이 모두 건강피해자로 인정 ▲사전 고시 여부와 상관없이 가습기살균제 관련 질환을 모두 인정

정치적 이슈에서 제도화 단계				▲법률취지에 합당한 심의기준 개선 ▲구제급여와 구제계정을 통합하여 기금으로 확대하고 위로금 등 실질적 피해지원 ▲피해자가 소송 제기 시 정부의 지원 의무화 ▲판정절차 간소화 및 피해자 추천위원 참여 확대 ▲지속적인 피해지원 시스템 구축
	피해지원 제도 개선을 위한 특별법 개정과 시행령의 문제점	2019. 3. 6. 〈가습기살균제 피해구제를 위한 특별법 일부 개정법률안〉 국회 본회의 통과	-	개정된 특별법 주요 내용, 피해 질환을 특정하지 않는 피해 인정 범위 확대, 피해자의 입증책임 완화, 구제급여와 특별구제계정의 통합을 통한 피해자 지원 강화, 장해급여를 포함한 구제급여 지원 범위 확대, 가해기업에 대한 추가 분담금 부과, 손해배상청구권 소멸시효 연장 등
		2020. 9. 15. 특별법 시행령 일부개정안 국무회의에서 의결	시행령의 심사 방식 피해판정 완료까지 소요기간 조차 예측할 수 없어 피해자의 불안 가중 피해 인정 확대기준 마련, 특별유족조위금 상향, 장해급여 병급 등 핵심 요구 사항 미반영	

4장

사회적 재난의
해외 사례

1 일본 미나마타병 사건

미나마타병 사건은 일본 미나마타시에 있는 대규모 화학공장인 ㈜칫소(신일본질소비료) 미나마타공장이 아세트알데히드 제조 공정에 사용한 독성 강한 메틸수은을 다른 공장폐수와 함께 무단방류함으로써 미나마타만 일대가 오염되고, 고농도로 오염된 어패류를 사람들이 다량 섭취, 체내에 메틸수은이 고농도로 축적되어 발병('미나마타병'으로 불림)하게 된 사건이다.

미나마타병은 인간의 산업 활동에 의해 초래된 질환이라는 점에서 유례가 없는 환경성 질환이자 일본의 대표적인 공해병의 원점으로 평가된다. 또한 세계적으로 수은에 대한 경각심을 널리 확산시킨 계기가 되었다. 이에 따라 2013년 유엔환경계획(United Nations Environment Program, UNEP)은 수은에 의한 사람과 환경의 위해를 줄이기 위해 「수은에 관한 미나마타협약」(일명 미나마타협약)을 채택했다. 2019년 11월 현재 114개국이 비준한 이 협약은 수은이라는 단일 화학물질의 제조, 저장, 사용, 수출·입, 배출, 폐기까지 전 과정에 대한 관리를 명시한 세계 최초의 협약으로, 수은 사용의 제한, 배출 감축 등을 목표로 삼고 있다(김상만, 2017).

1) 발생 원인 및 원인자

1956년 5월 1일 ㈜칫소 부속병원 의사가 원인불명의 뇌증상을 호소하는 환자의 입원을 미나마타 보건소에 신고함에 따라 이날이 미나마타병의 공식 확인일이 되었다. 그러나 첫 의심 사례는 1942년에 발생한 것으로 보고되며, 1945년대 후반에 이르면 원인불명의 인체 피해에 대해 현지 의사 역시 인식하고 있었던 것으로 확인된다.

미나마타병은 ㈜칫소가 독성이 강한 메틸수은을 다양한 공장폐수를 무단 방류함으로써 발생했다. ㈜칫소 미나마타공장에서 아세트알데히드를 생산한 것은 1932년부터로 1968년 5월까지 36년간 계속되었다. 따라서 발병 및 피해의 1차적인 책임은 ㈜칫소에 있다. 그러나 정부의 무책임한 행정이 인명 피해를 키웠다는 지적이 꾸준히 제기되었다. 첫 환자가 보고된 1956년, 구마모토현은 미나마타병의 원인이 어식(魚食)에 있다며 시라누이해의 물고기 섭취를 금지하려고 후생성에 문의한 결과 후생성이 모든 물고기가 오염되었다는 것을 증명할 수 없다고 회신하자 이를 근거로 물고기 포획 자제를 당부하는 조치에 그쳤다. 그해 11월 구마모토대학 의학부가 원인불명의 뇌증상은 어패류를 통해 인체에 노출, 축적된 중금속에 원인이 있다고 밝혔지만, 지방자치단체와 중앙정부 모두 아무 조치를 취하지 않았다. 또한 1959년 구마모토대학 기병의학연구반이 수은중독이 원인이라고 공식 보고했을 때도 마찬가지였다. 일본 정부가 미나마타병의 원인이 칫소의 공장폐수라고 공식적으로 인정한 것은 1968년 9월로, 첫 환자 발생 12년 후, ㈜칫소가 아세트알데히드 제조를 중지한 지 4개월이 지난 시점이었다. 즉 ㈜칫소의 폐수와 질병 간의 관련성이 꾸준히 제기됐음에도 일본 정부와 지자체가 12년간 폐수 방류 및 섭식을 사실상 허가함으로써 환경오염이 지속되고 인명 피해가 확대되었던 것이다. 이 과정에서 1964년에는 니이가타현의 아가노강 유역에서 쇼와전공 카노세 공장폐수에 포함된 메틸수은이 원인이 된 제2의 미나마타병이라 불리는 '니이가타 미나마타병'이 발생하기도 했다(가톨릭대학교 산학협력단, 2019: 48).

2) 피해자 및 피해규모

1956년 5월 첫 공식 환자가 확인된 이래 2020년 기준으로 일본 정부가 공식 인정한 미나마타병 피해자는 2,283명(니이가타현 715명 포함)이다. 하지만 1995년의 정치적 판단, 2009년 미나마타병 구제를 위한 특별조치법 등으로 의료보장 등 어떤 형태로든 구제조치에 포함된 미나마타병 피해자 수는 약 7만 명으로 추산된다.

이러한 수치의 변화는 시대적 변화에 따라 피해자 및 피해 인정 범위가 변화해 왔음을 보여준다. 이를 간단하게 개괄하자면, 1956년 공식적으로 첫 환자가 보고된 당시 확인된 환자는 소수에 불과했다. 하지만 1968년 9월 국가가 미나마타병의 발병 원인이 ㈜칫소의 메틸수은 및 공장폐수

〈표 3〉 미나마타병 피해 인정자 현황 1 (단위: 명)

현(縣) / 항목	신청자 수	처분 필		미처분
		인정	기각	미심사
구마모토현	15,208	(1,548) 1,790	12,996	422
미나마타현 · 시	5,006	965	3,988	53
가고시마현	5,796	(413) 493	4,209	1,094
합 계	21,004	(1,961) 2,283	17,205	1,516

* 출처: 미나마타시립 미나마타병자료관 홈페이지(https://minamata195651.jp/list.html)
* ( )는 사망자 수

임을 인정하면서 1969년 구마모토 미나마타병 피해자 112명이 ㈜칫소에 손해배상을 요구하는 첫 민사소송을 제기했고, 1971년 1심에서 승소하면서 ㈜칫소의 책임이 확정됐다. 1973년에 국회에서 「공해건강피해보상법」이 공포됐다. 그 후 자율교섭을 거쳐 인정제도가 확립되는 과정에서 미나마타병 피해를 인지하고 호소하는 사람이 증가했으며 이에 따라 피해자 규모 역시 점차 증가하게 된다.

1987년 3월 구마모토 법원은 국가와 지방정부의 책임을 인정하는 판결을 내렸다. 구마모토 법원은 1천여 명의 원고로 구성된 구마모토 미나타병 피해자들이 제기한 소송에서 "국가와 구마모토현의 책임은 일개 시기업인 피고 칫소가 행한 가해행위 및 피해의 발생을 적절한 행정조치를 강구함으로써 방지해야 할 의무가 존재함에도 불구하고 이를 방지하지 않은 데 있다"고 명시했다(가톨릭대학교 산학협력단, 2019: 58). 이에 따라 1995년 무라야마 내각에 의한 '1995년 정치적 판단'인 소위 1차 화해가 이뤄졌다. 국가의결로 피해자들이 국가배상소송을 취하하는 대신 미인정 미나마타병 피해자들에게 260만 엔의 위로금과 의료수첩의 교부가 결정됐다. 11,152명이 위로금과 의료수첩을 교부받았으며, 의료수첩 교부 대상은 아니지만 일정한 신경증상이 있는 사람들은 보건수첩을 교부받았다. 보건수첩 수여자는 1,224명이었다.

2001년 오사카 간사이 고법이 미나마타병에 대한 정부와 구마모토현의 책임을 인정함과 동시에 감각장애 단일 증상도 미나마타병으로 인정해야 한다는 판결을 내렸고(가톨릭대학교 산학협력단, 2019: 50; 최예용·이인현, 2019), 이는 2004년 최고재판소 판결로 확정되었다. 이에 따라 미나마타병 종합대책 의료사업이 재개되어 보건수첩 신청자가 2만 2천 명을 넘었다. 구제를 요구하는 피해자가 속출하면서 2009년 7월에 「미나마타병 피해자구제및미나마타병문제해결에관한특별조치법」(이하 특조법)이 제정되었다. 2010~2012년, 2차 화해 및 특조법 조치에 따라 사법화해가 성사된

〈표 4〉 미나마타병 피해 인정자 현황 2 (단위: 명)

항목 \ 현(縣)		구마모토현	기고시마현	니이가타현 · 시	합계
1995~1996년 제1차 정치적 해결					
판정(260만 엔 + 의료수첩)		7,992	2,361	799	11,152
보건수첩만 제공		842	347	35	1,224
비해당		1,296	485	113	1,894
2010~2012년 화해-특조법					
사법화해			2,772	171	2,943
특조법	피해자판정 (210만 엔 + 피해자수첩)	19,306	11,127	1,828	32,261
	수첩만 제공	18,307	4,416	139	22,862
	비해당	5,115	4,428	110	9,682
소송에 의한 배상 확정자		1973년 동경교섭 3, 1985년 2차 소송 4, 2004년 간사이 소송 54			61

* 출처: 花田昌宜·久保田好生, 2017: 61; 가톨릭대학교 산학협력단, 2019 재인용.

피해자는 2,943명이었고, 32,261명이 피해자판정을 받아 위로금과 피해자수첩을 교부받았다.

2009년 제정된 특조법은 구제신청 자격자를 ▲말초신경에 증상이 있고 ▲일정 기간 오염지역에 거주했으며 ▲1969년 11월 말 이전에 출생자로 규정하고 있다. 이는 칫소의 공장 배수 정지 후 피해가 발생하지 않았다는 전제에 따른 것이다. 또한 특조법에 따른 구제신청 기간은 2012년 7월 말로 종료되어 이후 증상이 발현된 사람은 구제를 받을 수 없다. 이에 따라 특조법 구제신청 자격에 합치하지 않거나, 특조법에 따라 구제신청을 하였으나 각하된 사람, 인정이 거부된 피해자들이 미나마타병 피해 대책을 요구하며 현재도 소송을 제기 중이다.

3) 피해내용 및 피해특성

미나마타병의 주된 증상은 양손 양다리의 감각이 둔해지며, 움직임이 부자연스러워지고, 눈의 시야 범위가 좁아지고, 귀가 잘 안 들리며, 말을 정확하게 하지 못하게 되는 것이다. 또한 발생 당시 증상이 심한 사람은 경련을 일으키거나 의식불명으로 사망하기도 한 것으로 보고된다(가톨릭대학교 산학협력단, 2019: 50). 이에 따라 일본 환경청은 감각장애, 구심성 시야협착, 운동실조, 구음장애, 청력저하의 다섯 증상 중 감각장애와 다른 두 증상이 혼합이 일어났을 때에 한정해 미나마타병을 인정해 왔다. 반면 의사들은 임상실험과 진료에 근거해 오염 어패류의 다량 섭취 및 사지말초성 감각장애 중 한 가지 증상이 있으면 미나마타병으로 진단할 수 있다고 주장하며 맞서 왔다(이타이 야에코, 2016: 50).

한편 태아성 미나마타병도 환자도 다수 발생한 것으로 보고된다. 이러한 사례는 1961년 처음으로 보고되었는데(최예룡·이인현, 2019: 328), 태아가 어머니의 태내에서 메틸수은에 노출되어 발병하는 경우다. 태아기에 메틸수은에 노출, 중독된 선천성 미나마타병 환자들은 뇌에 손상을 입은 것으로 확인되는데, 초기에는 앉기, 걷기 등의 어려움을 보이고, 생후 성장기에는 뇌성마비 증상과 발달장애 증상을 보이는 것이 대표적인 특징이다(Sakamoto *et al.*, 2017).

선천성 미나마타병 환자들을 대상으로 한 10년간 일상생활활동(Activities of Daily Living) 능력에 대한 추적조사 연구(Yorifuji *et al.*, 2018)에 따르면, 이들은 비슷한 연령대의 유사 환자들과 비교했을 때 자력이동, 운동능력, 괄약근 조절, 소통 능력 등 일상생활활동 전 분야에서 매우 빠르게 노화되어 일상생활능력이 감퇴하는 것으로 확인됐다. 이는 태아기 중독으로 일반적인 노화를 보완할 수 있는 능력이 감소하였음을 시사한다.

미나마타병이 메틸수은에 중독된 어패류 등을 인간이 다량으로, 오랫

동안 먹음에 따라 발병한다는 점에서 미나마타병 구제 대상 지역 선정은 피해 인정에 매우 중요한 요소로 작동해 왔다. 처음에는 미나마타시를 중심으로 한 야쓰시로해 연안까지가 구제 대상 지역이었지만 이후 야쓰시로해에 떠 있는 섬의 일부로, 이후에는 건너편 아마쿠사의 동해안에 이르기까지 범위가 확장되면서 피해자 규모 역시 증가했다. 일례로, 민간에서 구제 지정 내 지역과 지정 외 지역 주민들을 진찰한 결과 두 지역 주민들의 신경 소견이 매우 일치하는 것으로 드러났는데 이에 기초했을 때 지정 외 지역에 다수의 잠재 환자들이 있을 것으로 추정된다(이타이 야에코, 2016: 51).

또한 현재는 1969년 이전 출생자에 한해서만 미나마타병을 인정하고 있는데, 태반을 통해 수은에 노출되면서 여러 가지 장애를 갖고 태어난 사람들 역시 미나마타병의 일환으로 피해 범주를 확장한다면 피해자 규모는 더욱 커질 수밖에 없다. 참고로, 미나마타병 피해자들은 특히 경제적으로 가난한 어부의 가족에서 많이 발병한 것으로 확인된다.

2 프랑스 AZF 폭발 사고

AZF 폭발 사고란 프랑스 툴루즈에 위치한 비료공장 AZF(AZote Fertilisant)에 보관 중인 300톤가량의 암모나이트가 폭발한 사건이다. AZF 폭발 사고는 제2차 세계대전 이후 유럽에서 발생한 가장 심각한 산업재해 중 하나로 기록되고 있다. AZF 폭발 사고는 프랑스 내의 화학물질 대응과 재난정책 개선에 큰 영향을 미쳤다. 이후 프랑스에서는 툴루즈와 같은 주거지역 인근의 공장 신설이 엄격히 제한됐다. 또한 위험물을 다루는 공장들이 위생, 안전 위원회를 설치해 사고 위험을 상시로 점검하고 조사 결과를 인근 주민들에게 공개하도록 하는 조치가 시행됐다. AZF 폭발 사고와 같이 큰 사고 발생 시 지방정부의 자체대응이 어렵다는 점에서 프랑스 하원은 중앙정부 차원에서 전국적으로 장비와 인력을 지원하는 대응조직을 갖춰 대형 사고에 효과적으로 대응할 것을 권고했는데, 이에 따라 2009년 내무부에 정부 관련 부처가 참여해 재난 대응과 지원을 조율하는 범정부 위기센터(CIC)가 출범한 것으로 알려져 있다(연합뉴스, 2014. 5. 13.).

1) 발생 원인 및 원인자

폭발 사고는 2001년 9월 21일 오전 10시 17분에 발생했다. AZF에 보관 중인 질산암모늄이 수영장 청소용액에 오염되면서 사고가 발생했다.[7] 당시 폭발은 사고로 취급되었으나, 불과 10일 전에 미국에서 9.11테러가 발생했던 터라 일부 주민들과 환경부 장관이 테러 공격 가능성을 제기하면서 그에 대한 조사 또한 이뤄졌다. 하지만 조사 결과 테러 공격 가능성은 없었던 것으로 확인되었다. 피해자 가족 협의회는 이 사건을 공장 운영의 안전조치 미흡과 산업폐기물 처리 절차의 운영 관리 부실로 인해 발생한 것이라고 주장해 왔다.

2) 피해자 및 피해규모

폭발 사고로 31명이 사망하고 2,500여 명의 부상자가 발생했다. 사고

---

7 https://www.newspim.com/news/view/20200806001135

발생 후 약 5천여 명의 사람들이 급성 외상 후 스트레스 장애로 의사와 상담을 한 것으로 알려져 있다(Lenoble· & Durand, 2011). 한편 공식 통계는 존재하지 않지만 피해자 단체들은 사고 이후 부수적인 이유로 사망한 사람도 존재한다고 주장하고 있다.

한편 사고 당시 폭발 위력은 20~40톤의 TNT에 맞먹는 폭발 규모로 측정되는데, 폭발 사고로 일대의 3.4 규모의 지진이 일어났고, 폭발 현장에는 깊이 5~6m, 길이 약 70m, 너비 40m 정도의 분화구(cratère)가 생성됐다. 이에 따라 AZF 공장이 무너지거나 부서졌으며, 도시 전체에서 2만 7천여 개 주택과 아파트 건물이 완전히 또는 부분적으로 파괴됐다. 또한 144개 회사가 심각한 피해를 입은 것으로 보고됐는데, 폭발 사고 이후 6개월이 지난 시점까지 1,800여 명의 근로자가 실업 상태를 경험한 것으로 추정된다(Lang *et al.*, 2007).

3) 피해내용 및 피해특성

AZF 비료공장은 툴루즈(Toulouse) 중심부에서 3km 떨어진 곳에 위치했으나 도시개발계획에 따라 도시가 점점 팽창하면서 공장에 대한 인접성이 높아졌다. 이에 따라 폭발 사고의 피해는 공장에 한정하지 않고 인근 지역으로까지 확산됐다. 사망자는 총 31명으로 AZF 현장 노동자가 21명, 인근 공장 노동자가 1명, 인근에 있던 9명이었는데 이 중 한 명은 인근에 위치한 갈레니(Gallieni) 고등학교 재학생이었다. 참고로, 사고 발생일은 여름방학 후 개학 기간으로 AZF 비료공장 주변에 아이들과 학생 약 1만 명이 있던 것으로 추산된다. 폭발의 여파로 인근 5개 학교가 완전히 파괴되었으며, 200여 개 학교가 피해를 입었다(Chance & Chotard, 2013; Lang *et al.*, 2007).

폭발 사건이 일어난 2001년 당시 툴루즈에 거주했고 2003년 연구 당시 만 18세 이상이었던 1,103명을 대상으로 한 지역 피해자 조사연구(l'Institut de Veille Sanitaire/InVS b, 2006) 결과 공장지대에 거주할수록 사회경제적으로 취약한 계층에 속하고, 폭발 장소에 가깝거나 사회경제적으로 취약할수록 피해도 크다는 연관성이 확인됐다. 공장 인근에 거주하는 주민 2명 중 1명 이상은 노동자 또는 피고용인 상태였고, 10명 중 1명은 실업자 상태였으며, 근처에 거주하는 주민들의 많은 수가 프랑스가 아닌 외국 태생인 것으로 보고됐다.

다수의 보고서에서 공통적으로 강조되는 피해는 주로 난청에 따른 신체적 질환과 외상 후 스트레스 장애 또는 향정신성 의약품 복용 증가 등으로 확인되는 정신적·심리적 질환이다(l'Institut de Veille Sanitaire/InVS a, 2006). 대부분의 피해자들은 집 유리가 깨지고, 청각 이상 등 간접적인 피해를 입은 것으로 보고되었다.

AZF 폭발 사고 공장 피해 생존자 200명을 대상으로 사고 2개월 후와 6개월 후 두 번에 걸쳐 외상 후 장애를 조사한 연구 결과(Birmes *et al.*, 2005)에 따르면, 외상 후 스트레스 장애 징후에 속하는 외상적 고통(peritraumatic distress), 외상적 해리(peritraumatic dissociation), 급성 스트레스 장애(acute stress disorder)의 3가지 증상이 62% 비율로 나타났다.

또한 폭발 사고가 정신건강에 미치는 영향을 주제로 공장노동자 및 사고지역 주민들 2,494명 대상으로 5년간 코호트 조사를 실시한 연구 결과(Diène *et al.*, 2014)에 따르면, 남성보다 여성이 항불안제, 수면제, 항우울제 등의 향정신약물 사용률이 높은 것으로 나타났다. 또한 사고에 많이 노출되었을수록, 인명 피해가 클수록 향정신약물의 사용률이 높은 것으로 확인됐다.

한편 폭발 사고에 직접적으로 노출된 학생과 간접적으로 노출된 학생들 사이의 외상 후 스트레스 장애(Symptoms Consistent With SCW-PTSD) 유병률

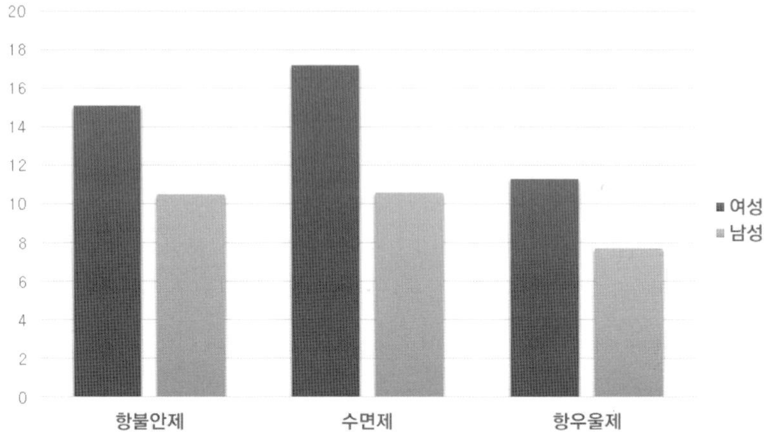

〈그림 2〉 AZF 폭발 사고 경험에 의한 성별 향정신약물 복용률 (단위: %)

*출처: Eloi Diène et al., 2014 재구성.

을 측정한 연구 결과(Emmanuelle Godeau et al., 2005)에 따르면, 사고 발생 9개월 후가 지난 시점까지 두 집단 모두에서 예상보다 높은 비율의 SCW-PTSD 증상이 발견됐으며, 특히 가족 중 부상자가 발생하거나 집이 심각한 피해를 입는 등 직접 노출된 학생들이 SCW-PTSD를 보일 가능성이 훨씬 높게 나타났다.

3 탈리도마이드 사건

탈리도마이드는 독일 제약회사 그뤼넨탈사(Grünenthal GmbH)가 개발한 합성물질로, 주로 임산부들의 입덧 방지용으로 판매되었는데, 이를 복용한 환자들 특히 산모들에게서 심각한 선천적 결함을 가진 기형아들이

전 세계에 태어난 사건으로 현대 의학 역사상 최악의 의약품 부작용 사건으로 평가된다.

탈리도마이드 약제의 결함에 따라 발생한 피해는 심각성과 규모로 미뤄보았을 때 전례가 없던 것으로, 탈리도마이드 사건은 신약 개발 및 보급에 있어 효능과 효과에 대한 입증뿐만 아니라 인체에 미칠 수 있는 부작용 등 안전성이 최우선적으로 보증되어야 한다는 중요한 교훈을 던졌다. 특히 임산부의 약물복용에 대한 주의가 세계적으로 확산됐으며 신약 개발에 윤리적인 책임이 강화되는 계기가 마련됐다.

1) 발생 원인 및 원인자

탈리도마이드는 독일 제약회사 그뤼넨탈이 1953년 임산부의 구토 억제제 및 수면제로 개발해, 1957년 10월에 서독에서 콘테르간(Contergan)이라는 제품명으로 판매를 시작한 이래 52개 상표명으로 전 세계 50여 개 국가에 보급되었다. 1961년 약물 부작용의 문제가 심각하게 대두되면서 서독에서 콘테르간의 제조 및 판매가 중지되었으며, 벨기에, 네덜란드, 영국, 호주, 캐나다 등에서도 같은 조치가 취해졌다. 그러나 스페인에서는 1969년까지, 브라질에서는 1980년도까지 탈리도마이드의 영향을 받은 아이들이 태어난 것으로 알려져 있다.

탈리도마이드는 단 한 번의 100mg 투여만으로도 기형 유발 효과가 발생하는 것으로 추후 밝혀졌다(Mansour *et al.*, 2019). 하지만 이러한 유독성에도 불구하고 임상실험을 제대로 시행하지 않은 것이 탈리도마이드 참사의 원인으로 지적되었다. 또한 이 약은 동물실험에서 부작용이 거의 나타나지 않아서 판매 시 '무독성', '부작용이 거의 없는 기적의 약'이라는 점을 전면에 내세웠다. 이러한 제약회사의 광고와 탈리도마이드의 안전성을 주장하는 의사들에 따라 탈리도마이드는 의사 처방전 없이도 약국에서 구입할 수 있는 진정제, 수면제로 알려졌으며, 특히 입덧을 완화하는 데 효과가 있어 많은 임신부들이 입덧 방지용으로 구매 후 사용해 더욱 광범위한 피해가 발생했다(Morom & Invernizzi, 2017: 4).

이와 관련해 독일에서는 과실치사 및 그 밖의 탈리도마이드 참사와 관련한 범죄행위로 기소된 그뤼넨탈사 고위급 임원진들에 대한 재판에서 ▲당시의 의약품 시험의 부적합성, ▲'완전 무독성이고 무해'하다는 광고의 부주의성, ▲잠재적 신경 손상의 특성에 대한 의사들에 대한 미고지의 부주의성이 지적된 바 있다(가톨릭대학교 산학협력단, 2019: 37).

또한 탈리도마이드 참사는 정부가 시민을 보호하지 못해 발생한 사건으로도 평가되기도 한다. 미국[8]을 비롯한 터키, 프랑스, 오스트리아, 포르투갈 등은 탈리도마이드 성분에 대한 안정성이 입증되지 않았다는 이유로 탈리도마이드 성분이 함유된 약물의 도입을 거절하거나 현저하게 제한함에 따라 피해가 상대적으로 적었다.

2) 피해자 및 피해규모

1956년 탈리도마이드에 영향을 받은 아이가 그뤼넨탈 화학회사 직원에서 출생한 이래(한국행정연구원, 2019: 142), 서독의 수천여 명을 비롯해 유럽에서만 8천여 명, 전 세계 50여 개 국가에서 1만~1만 5천여 명 이상의 기형아가 태어난 것으로 추정된다.

8 FDA의 승인 보류에도 불구하고 1956, 1957년 미국에서도 임상실험을 가장한 마케팅 캠페인을 통해 이 약이 수십 명의 의사들에게 배포됐고, 환자들에게 추천, 처방됐다. 탈리도마이드는 SK&F #567라는 라벨이 붙었으며, 알약들은 노란색에서 분홍색, 흰색까지 다양한 색깔과 모양을 띠었다.

최근 들어 탈리도마이드에 노출된 피해자 수는 계속 늘어나는 추세를 보이는데, 일례로 2014년 호주에서 진행된 탈리도마이드 관련 피해 생존자 소송 결과를 통해 집계된 호주와 뉴질랜드의 피해 생존자 수는 45명에서 150여 명으로 3배가량 증가했다(Thomas, 2020).

이와 관련해서 최근에는 영국의 탈리도마이드 비영리신탁기관인 Thalidomide Trust[9]가 다양한 정보원에서 수집, 취합한 정보를 바탕으로

〈표 5〉 탈리도마이드 피해 출생아 수(추정) (단위: 명)

나라	피해 출생아 수(추정)
그뤼넨탈사가 직접 판매한 독일 및 5개국	11,604
영국	2,096
일본	1,236
스칸디나비아	532
캐나다	416
오스트레일리아	600
브라질	4,000
이탈리아	2,000
스페인	2,000
미국	160+
브라질을 제외한 라틴 아메리카	400+
총합	25,044+

* 출처: The Thalidomide Catastrophe, 2018: 30; 가톨릭대학교 산학협력단, 2019: 30 재인용.

9 Thalidomide Trust는 1973년 영국에서 Distaval 약제명으로 탈리도마이드를 판매했던 Distillers Company Ltd와 탈리도마이드 관련 장애를 가진 429명의 아동 사이의 법적 합의의 일환으로 설립된 신탁기관이다. Thalidomide Trust의 주요 활동은 탈리도마이드 피해자들을 신체적, 정신적으로 지원하고 관련 연구를 수행하는 것이다. (https://www.thalidomidesociety.org).

전 세계적으로 2만 4천 명 이상의 신생아가 탈리도마이드에 영향을 받아 태어났다고 주장하고 있다. 한편 이 약이 얼마나 많은 사산 혹은 유산을 유발했는지에 대한 정확한 통계는 존재하지 않는다. 다만 12만 3천 건의 사산과 유산이 탈리도마이드로 인해 발생했을 것이라는 추정만 존재한다.[10]

3) 피해내용 및 피해특성

1959년부터 수면 보조제로 이 약을 사용했던 노인들이 경증에서 중증, 때로는 영구적인 신경 손상 부작용을 보이면서 의사들은 탈리도마이드의 부작용에 대해 문제를 제기하기 시작했다.[11]

하지만 더욱 심각한 문제는 이 약을 복용한 산모들에게서 나타났다. 탈리도마이드 복용 산모들로부터 신체적 기형 또는 손상을 가진 신생아들이 태어나기 시작한 것이다. 이 아이들은 탈리도마이드 베이비(Thalidomide Baby) 또는 콘테르간 키즈(Contergan kids)라고 불렸는데, 가장 대표적인 증상이 팔과 다리가 없거나 짧은 기형을 가지고 있었다. 또한 눈과 귀의 손상, 안면 손상, 신장기형, 심장기형, 내장 및 골격 이상, 기관지 및 폐질환 등의 증상을 가진 신생아들도 많았는데, 중증도의 선천성 기형 및 이상이 다발적으로 신생아들에게서 관찰되었다(Morom & Invernizzi, 2017: 4).[12]

탈리도마이드 베이비는 신체적 기형뿐만 아니라 생존율도 낮았다. 약 40%가 생후 1년 안에 심각한 신체적 손상으로 사망한 것으로 보고되는데, 가장 흔한 사망원인은 소장(small bowel), 심장 및 신장 문제(small bowel

10 https://www.thalidomidesociety.org/thalidomide-faqs/

11 https://thalidomide.ca/en/what-is-thalidomide/

12 https://thalidomide.ca/en/what-is-thalidomide/

or cardiac or renal malformations)로 알려졌다(McBride, 2004: 169).

부작용이 처음 보고된 이래 60년이 넘은 현재까지 전 세계적으로 최소 3천여 명의 탈리도마이드 베이비들이 생존해 있는 것으로 추정된다. 일례로, 영국에서는 10대까지 탈리도마이드 베이비의 3/4이 사망했으며,[13] 최소 461명이 생존한 것으로 보고된다.[14] 캐나다는 현재 100여 명이 생존해 있는 것으로 추정된다.[15]

〈표 6〉 탈리도마이드 피해 생존자 수(추정) (단위: 명)

나라	생존자 수(검증)	생존자 수(추정)
그뤼넨탈사가 직접 판매한 독일 및 5개국	2,091	
영국	524	
일본	309	
스칸디나비아	133	
캐나다	104	
오스트레일리아	150	
브라질	600+	1,000
이탈리아	350	500
스페인	23	500
미국	23	40+
브라질을 제외한 라틴 아메리카		100+
총합	5,024+	6,261+

* 출처: The Thalidomide Catastrophe, 2018: 30; 가톨릭대학교 산학협력단, 2019: 31 재인용.

13 The Independence Thalidomide Society Newsletter, September 2019 file:///C:/Users/hjsor/Downloads/2019-Newsletter.pdf

14 https://www.thalidomidetrust.org/about-us/about-thalidomide/

15 https://thalidomide.ca/en/the-canadian-tragedy/

탈리도마이드에 영향을 받은 탈리도마이드 베이비는 한평생 동안 후유증을 안고 살아가고 있다. 영국의 Thalidomide Trust에 따르면,[16] 이들은 비슷한 연령대의 사람들보다 훨씬 더 낮은 신체 건강을 경험해 오고 있다. 피해 생존자의 2/3가 일반 영국인의 신체건강과 비교할 때 최저 2%와 동일한 수준이거나 더 나쁘다는 것이다. 연구를 통해 제기된 주요 문제는 다음과 같다.

- 고통: 종종 심각하거나 지속적인 고통을 경험하게 됨
- 유연성 및 이동성 감소: 특히 일상 업무를 수행하기 어려우며, 신체의 확장 및 구부리기 능력이 감소됨
- 따끔따끔하고 감각이 없어짐: 많은 사람들이 감각 이상의 초래로 몸에 힘이 없는 경험을 하게 됨
- 치아 손상: 손 대신 치아를 사용함으로써 치아를 잃거나 심각한 손상을 초래함
- 심적·정서적 건강 악화: 지속적인 우울증과 불안감을 포함한 심적, 정서적 건강 악화를 초래함
- 근골격계 질환, 초기 관절염, 압박신경병, 허리통증 등과 균형을 제대로 잡지 못하는 문제로 인해 추락, 낙상 사고가 계속 증가함(Morrison, 2020: 13)
- 경제적 문제: 일상생활의 유지를 위해 개조된 집, 차량, 전자 휠체어, 의족 또는 보청기 또는 임플란트에 의존함으로써 일상생활 비용이 매우 크게 증가함[17]

---

16 https://www.thalidomidetrust.org/about-us/about-thalidomide/

17 https://www.thalidomidetrust.org/about-us/about-thalidomide/

피해 생존자들이 처한 삶의 질 역시 비슷한 연령대의 사람들보다 열악한 것으로 확인된다. 2013년 캐나다 피해 생존자 100명을 대상으로 실시한 조사 결과(Thalidomide Victims Association of Canada, 2013)에 따르면 다음과 같은 몇 가지 특징을 확인할 수 있다.

첫째, 조사 참여 응답자의 34.4%는 혼자 살고 있다고 답했는데, 이는 캐나다 성인 인구의 26.8%가 혼자 살고 있는 점과 비교해 상대적으로 높은 수치다.

둘째, 교육수준 측면에서도 또래 캐나다인과 비교해 교육수준이 약간 낮은 것으로 나타났다. 응답자의 60%가 중학교 졸업장을 가지고 있다고 답했는데, 캐나다 성인 인구의 64%보다 4% 낮은 수치다.

셋째, 생존 피해자들의 실업률은 상대적으로 높은 편에 속했다. 캐나다 성인인구의 71.3%가 고용상태였던 반면 자신이 고용상태라고 응답한 피해 생존자는 64.1%였다. 주목할 것은 응답자 31%의 경우, 자신의 신체적 장애 및 건강 상태 때문에 직장을 그만둬야 한다는 두려움이 갖고 있었다는 점이다.

넷째, 응답자의 46%가 일상생활을 할 능력이 감퇴하고 있으며 이전보다 덜 독립적이라고 느끼고 있었다. 이는 나이가 들어감에 따라 매년 더욱 나빠지는 것으로 나타났다.

다섯째, 응답자들의 80%가 근육통, 관절통이 증가했으며, 49%가 무감각 및 감각 상실을 경험하고 있다고 답했다. 76%가 5년 전과 비교해 자신들의 전반적인 건강 상태가 악화되었다고 답했는데, 52%는 향후 10년 안에 더욱 심각한 건강문제를 경험할 것이라고 전망하고 있었다.

여섯째, 이러한 변화에 따라 응답자의 절반가량인 49%가 미래에 대해 비관적인 생각을 갖고 있으며, 특히 경제적 문제에 대해 72%가 불안정할 것이라고 예상했다.

이러한 연구 결과는 2002년 영국의 조사 결과와 일치하는데, 당시 응답자의 2/3가 근육통 관절염, 관절통 등의 근골격계 악화를 호소했으며, 응답자의 60%가 자신의 통증 정도를 보통에서 심각 사이라고 답했다. 또한 응답자의 73%는 자신의 장애와 건강 상태로 일상 업무를 수행하기 어렵다고 응답한 바 있다.

대다수가 60대에 이른 현재 탈리도마이드 피해 생존자들은 젊었을 때 보다 훨씬 더 큰 어려움에 직면해 있는 것으로 확인된다. 외출을 하고 일을 해 왔던 피해 생존자들의 대다수가 퇴직 상황이며, 부모의 일상적 돌봄에 의존하던 피해 생존자들은 부모의 사망 및 노쇠로 의존이 불가능한 상태에 놓여 있다. 매년 점점 더 많은 피해 생존자들이 다른 가족 구성원들, 사회복지 혜택이나 사회보장 지원금, 또는 자선 단체에 전적으로 의존해 생활하면서 생계를 영위하고 있다(Dove, 2011). 여기에 수십 년 동안 팔다리를 대신해 사용해 왔던 관절과 근육의 빠른 마모와 손상, 관절염의 조기 발병 등으로 통증과 더불어 의료비용이 매년 증가하면서 피해 생존자들의 고통이 증가하고 있는 것으로 확인된다.

5장

사회적 재난의 국내 사례

1 4·16 세월호 참사

세월호 참사란 2014년 4월 16일 전라남도 진도군 조도면 부근 해상에서 여객선 세월호가 침몰하여 다수의 희생자와 피해자가 발생한 사건이다. 참사 직후부터 세월호 참사는 첫째, 세월호가 침몰한 사건이자 둘째, 국가가 구조하지 않은 사건(국가범죄)으로 규정되었다. 이에 따라 진상규명을 요구하는 피해자들과 시민들의 목소리가 높았으며, 이는 참사로부터 9년이 지난 현재까지도 계속되고 있다.

그리고 진상규명을 요구하는 과정 속에서 세월호 참사는 앞선 두 가지 성격 이외에 셋째, 국가가 조직적· 체계적으로 사건의 진상규명을 은폐, 방해한 사건(국가범죄)이자 넷째, 진실, 정의, 피해 회복을 요구하는 피해자에 대한 광범위한 부인문화와 혐오문화가 증폭, 만연한 사건(사회폭력)의 성격도 띠게 되었다.

이에 따라 세월호 참사는 네 가지 층위의 '사건'이 복합적으로 구성된 중대한 인권침해 사건으로 규정되어 왔으며, 이의 해소를 위해 사회재난 최초로 진상규명을 위한 특별법 제정과 특별조사위원회가 설치, 운영되었다.

1) 발생 원인 및 원인자

세월호의 침몰 원인과 구조책임 방기에 관한 진상은 현재까지 명확히 밝혀지지 않았다. 세월호 참사 직후부터 검·경합동사수본부의 수사, 법원의 형사재판, 국회의 국정감사, 감사원의 직무감찰, 해양안전심판원의 특별보고 등 관련한 모든 국가기관에 의한 조사가 이뤄졌음에도 불구하고 조사 결론에 대한 시비가 계속되고, 의혹이 지속적으로 제기됨에 따라 세월호 참사의 진상규명과 관련해 현재까지 3차례의 독립적이고 전문적인 특별기관에 의한 침몰 원인 규명이 시도되어 왔다.

제1차 조사는 2014년 제정된 「4·16세월호참사 진상규명 및 안전사회 건설 등을 위한 특별법」에 따라 2015년 출범한 '4·16세월호참사 특별조사위원회' 주도로 이뤄졌다. 하지만 박근혜 정부가 강제해산을 시도하면서 세월호특조위는 2016년 중간점검보고서만 낸 상황에서 활동이 강제 종료돼 침몰 원인 규명에 실패했다. 제2차 조사는 2017년 제정된 「세월호 선체조사위원회의 설치 및 운영에 관한 특별법」에 근거해 2017년 4월 출범한 '세월호 선체조사위원회(이하 세월호 선조위)' 주도로 이뤄졌다. 세월호 선조위는 세월호 침몰 원인과 관련해 합의된 결론을 내지 못한 채 '내인설'과 '열린안' 두 권으로 나뉜 보고서를 제출하고 2018년 활동을 종료했다.[18]

세월호 선조위가 제시한 내인설에 근거할 때, 세월호 침몰의 주책임은 청해진해운에 있다. 바닷물의 흐름을 막아 주어야 할 수밀문을 대부분 개방한 상태로 항해하면서 세월호가 빠른 속도로 침수되어 침몰에 이르게 된 결정적 요인을 제공했기 때문이다. 이는 세월호가 2014년 4월

---

18 관련해 내인설과 열린안의 차이는 복원성을 바라보는 관점 차이에서 시작된다. 내인설이 세월호의 복원성이 불량했다는 전제에서 출발하고 있다면, 열린안은 복성원이 상대적으로 양호했다고 판단하며 외부충돌로 의심할 만한 변형이 존재한다는 점을 근거로 제시했다.

16일 운항 당시 침수 구획 및 수밀성에 대한 해양수산부 및 한국선급에서 정한 기준을 준수하지 않았음을 보여준다(세월호 선체조사위원회, 2018: 179). 반면 열린안에 근거할 때 침몰 원인 제공자는 아직 미상으로 남아 있다.

침몰 원인과 무관하게 배가 침수, 침몰하고 있음에도 불구하고 선장 및 선원들이 승객들에게 퇴선 명령이 내리지 않은 점은 피해를 증폭시킨 주요한 원인이었다.[19] 또한 오전 8시 55분 단원고 학생의 구조신고를 접수한 해경이 출동했으나 전체 생존자 172명 중 절반 이상이 해경보다 40분 늦게 도착한 어선이나 민간 선박에 의해 구조되는 등 참사 직후부터 해경의 구조업무 방임과 재난 컨트롤타워의 부재로 희생자가 증가하고 대형 재난으로 전환됐다는 논란이 제기됐다.[20]

2) 피해내용 및 피해특성

2014년 4월 16일 침몰 당시 세월호 탑승자는 단원고등학교 2학년 학생 325명, 교사 14명, 일반인 104명, 선원 33명 등 총 476명이었다. 당시 침몰로 승선원 중 304명이 사망했으며, 이 중 5명의 시신은 수습되지 못했다. 세월호 참사의 피해자는 인적 피해자와 물적 피해자로 구분되는데 인적 피해자는 크게 여섯 축으로 분류된다. 첫째, 세월호 단원고 희생

19 세월호 승객들의 탈출 가능성에 대한 연구는 2014년 9월 광주지방검찰청의 연구용역 발주를 통해 가천대학교 박형주 교수가 수행했다. 당시 연구용역은 세 개의 서로 다른 시각에 대피명령을 내렸을 경우 승객들의 탈출 가능성을 가늠해 보는 것으로, 당시 세 경우 모두 선원들이 적절한 퇴선 명령을 내렸다면 승선원 모두 해상 탈출이 가능했다는 결론을 내렸다(세월호 선체조사위원회, 2018: 197).

20 한편 세월호 참사 희생자 중 한 명인 임경빈 군이 구조 당시 맥박이 있었음에도 불구하고 헬기가 아닌 배로 이송돼 숨졌다는 사실이 알려지면서 해경의 구조 활동에 대한 책임논란이 더욱 크게 붉어졌다. 하지만 2019년 11월 공식출범한 대검찰청 세월호 참사 특별수사단은 군 헬기이송지연과 관련해 김석균 해경청장과 김수현 서해청장 등 관련자들에 대한 무혐의 처분 방침을 정한 것으로 알려져 논란이 일었다.

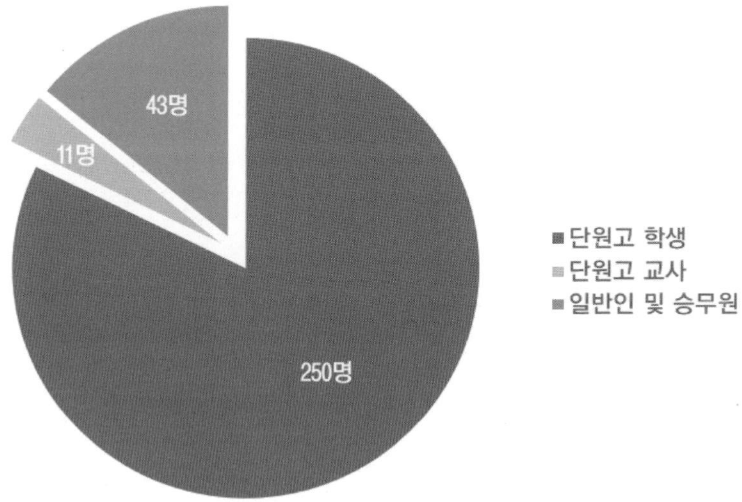

〈그림 3〉 세월호 참사 희생자 집단

자와 유가족, 둘째, 단원고 생존학생과 그 가족, 셋째, 단원고 교사 피해자 및 희생자와 그 (유)가족, 넷째, 일반인 피해자 및 희생자와 그 (유)가족 희생자 및 그 유가족, 다섯째, 민간인 잠수사, 여섯째, 진도 어민(동·서거차도 포함)이다. 인명 피해는 단원고에 집중됐다. 전체 희생자 304명 중 250명이 단원고 학생들이었고, 11명은 단원고 교사였다. 일반인 및 승무원 희생자는 총 43명이었다.

당시 단원고 교사 14명을 제외한 일반인 승객의 생존율은 69%로 104명 중 71명이 생존했다. 하지만 단원고 교사 생존율은 22%, 학생 생존율은 23%에 불과했다. 이에 따라 전체 희생자 중 85%가 단원고 학생들이었는데, 이들은 끝까지 "현재 위치에서 절대 이동하지 마시고 대기해 주시기 바랍니다"라는 선내 방송을 믿고 해경의 구조를 기다리다 죽음을 맞았다 (유해정, 2018: 188).

안산정신건강트라우마센터가 2018년 세월호 참사 피해자 중 유가족

239명을 대상으로 건강 및 생활실태를 조사한 결과에 따르면 첫째, 신체 건강상태와 관련해 상대적으로 수면제, 소화제, 진통제 등을 복용하는 경우가 많았는데, 응답자 중 25.7%가 음주에 따른 중증 이상의 문제를 갖고 있다고 응답했다.

둘째, 생활실태와 관련해서는 32.6%가 대인관계에서 상당히 또는 극심한 정도의 스트레스를 받고 있으며, 31.3%가 가족 내에서조차 상당한 정도의 스트레스를 경험하고 있다고 답했다. 또한 69.9%가 참사 이전과 비교할 때 수면량이 감소했으며, 56.1%가 식사량이 감소한 것으로 나타났다. 월수입의 감소를 경험한 비율 역시 61.9%로 나타나는 등 경제적 부분에서도 부정적 수치가 높았다.

셋째, 정신적 측면에서는 유가족들의 절반이 조금 넘는 50.4%가 외상 후 스트레스 장애 증상을 보였으며, 35.9%가 외상 후 울분장애를, 27.7%가 외상 후 장기간 울분 상태를 경험하는 등 외상 후 울분에 시달리고 있는 것으로 나타났다. 또한 57.7%가 중간 정도 이상의 우울을 경험하고 있으며, 19.9%는 심각한 형태의 불안감을 호소하고 있는 것으로 확인됐다(고영훈, 2018). 이와 관련하여 3년간에 걸친 세월호 유가족 코호트 조사

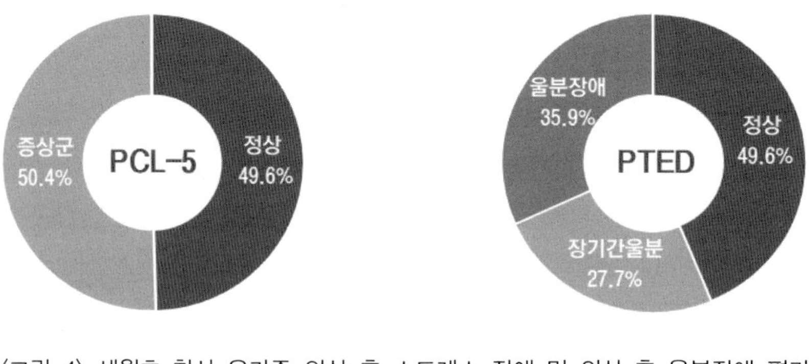

〈그림 4〉 세월호 참사 유가족 외상 후 스트레스 장애 및 외상 후 울분장애 평가

* 출처: 고영훈, 2018: 20.

〈그림 5〉 세월호 참사 유가족의 인식과 태도 평균 점수 (10점 만점)

*출처: 고영훈, 2018: 19.

결과에 따르면, 세월호 유가족은 생존자 가족이나 대조군에 비해 모든 측면에서 정신건강 문제가 더 높게 나타난 것으로 분석됐다. 이는 2017년 이후 호전되는 추세를 보였지만 여전히 상대적으로 높은 수준을 유지하는 것으로 확인됐다(이소희, 2018).

한편 동일 조사에 66명의 생존자들도 참여했는데, 조사 결과에 따르면 첫째, 신체 건강상태와 관련해 유가족과 비교해서도 수면제, 소화제, 진통제 등을 복용하는 비율이 높았고, 거의 매일 수면제, 소화제, 진통제를 복용하는 비율이 3~6%에 달했다. 또한 응답자 중 29.7%가 음주에 따른 중증이상의 문제를 갖고 있다고 응답했다.

둘째, 생활실태와 관련해서는 31.8%가 상당히 또는 극심한 상태로 대인관계에서 스트레스를 받고 있으며, 38.6%가 가족 내에서조차 상당한 정도의 스트레스를 경험하고 있다고 응답했다. 또한 45.5%가 참사 이전과 비교할 때 수면량이 감소했으며, 34.8%가 식사량이 감소한 것으로 나타났다. 또한 아무도 모르는 곳으로 가고 싶거나 이웃들의 동정어린 눈길, 희생자에 대한 생각 때문에 잠이 오지 않는다는 등의 이유로 이주해 생활하는 경우가 적지 않았다.

〈그림 6〉 세월호 참사 생존자 외상 후 스트레스 장애 및 외상 후 울분장애 평가

* 출처: 고영훈, 2018: 32.

〈그림 7〉 세월호 참사 생존자의 인식과 태도 평균 점수 (10점 만점)

* 출처: 고영훈, 2018: 31.

셋째, 정신적 측면에서 생존자들의 31.1%가 외상 후 스트레스 장애 증상을 보였으며, 21%가 외상 후 울분장애를, 19.4%가 외상 후 장기간 울분 상태를 경험하는 등 외상 후 울분에 시달리고 있는 것으로 나타났다. 또한 24.5%가 중간 정도 이상의 우울을 경험하고 있으며, 18.5%는 심각한 형태의 불안을 호소하고 있는 것으로 확인됐다(고영훈, 2018).

세월호 생존학생들의 경우 3년간에 걸친 코호트 조사 결과에 따르면, 참사 이후 1년간은 불안, 우울, 외상 후 스트레스 증상, 복합성 애도 증상이 증가하다가 이후에는 점진적으로 감소하는 경향을 보였다. 하지만 참사 이후 4년이 지난 후에도 불안, 외상 후 스트레스 장애, 복합성 애도, 불면증 임상군이 많은 상황이며, 대입 이후 이런 정신건강이 다시 악화되는 추세를 보인 것으로 분석됐다(이소희, 2018).

민간 잠수사들의 피해는 참사 직후 구조 및 수색과정에서 발생했다. 세월호 참사 직후 143명의 민간 잠수사들이 수색이 공식 중단된 2014년 11월 11일까지 209일 동안 구조 및 시신 수색에 참여했다. 이 과정에서 이○○ 민간 잠수사가 수색 도중 사망하는 등 민간 잠수사들이 적지 않은 신체적, 정신적 부상을 입었다. 특히 골괴사와 외상 후 스트레스 장애를 호소하는 경우가 많았다.

구조 및 수색 과정에서 사망하거나 부상을 입은 민간 잠수사들은 「의사상자 등 예우 및 지원에 관한 법률」이나 「수상에서의 수색·구조 등에 관한 법률」에 근거한 보상 및 지원만 받을 수 있었다. 「4·16세월호참사 피해구제 및 지원 등을 위한 특별법」(이하 「세월호 피해지원법」)에 따른 보상 대상에서 제외됐기 때문이다. 하지만 2020년 9월 1일 「세월호 피해지원법 시행령」이 개정됨에 따라 민간 잠수사들과 유가족들도 합당한 보상을 받을 수 있는 법적 근거가 마련됐다. 또한 잠수사의 평균소득수준(세월호 참사 활동 직전 3년간 소득금액 평균액)을 반영한 보상금 산정과 구조 및 수색과정과 부상, 사망과의 인과관계 기준도 완화됐다.

동·서거차도 및 진도 어민들의 피해 역시 사후에 발생했다. 동·서거차도 주민을 비롯해 진도 어민들 중 일부는 생업을 포기한 채 세월호 참사 관련 구조 및 수색작업에 참여했다. 또한 선체 침몰 및 수색, 인양 작업에 따른 해양 오염으로 양식장이 오염되고 일상적인 조업활동이 중단되는 등 적잖은 경제적 손실을 입었다. 다만 이러한 손실에 대한 조사가 실시되지 않아 정확한 통계는 존재하지 않는다. 「세월호 피해지원법」은 세월호 참사 수습에 참여하거나 어업활동 제한으로 손해를 입은 어업인 등의 손실에 대해 정부 보상 의무를 규정하고 있으나, 관련한 피해를 어민들이 직접 증명해야 했으며, 3년간의 소득에 대한 증빙 등이 어려워서 보상을 받지 못하거나 매우 적은 금액만을 보상받았다.

2 대구 지하철 참사

대구 지하철 참사란 2003년 2월 18일 대구 도시철도 1호선 중앙로역에서 발생한 화재로 전동차 12량이 불에 타면서 당시 중앙로역에서 전동차를 이용하던 승객들과 근무자 등이 사망하거나 부상당한 사건이다. 전 세계적으로 지하철이 도입된 이래 두 번째로 인명 피해가 큰 대참사로 기록된 대구 지하철 참사는 한국의 재난관리 체계를 재편하는 중대한 계기가 됐다. 이에 따라 「재난 및 안전관리기본법」이 제정되고 되고, 재난관리 및 방재업무 조직이 개편됐다.

2003년 2월 18일 오전 9시 53분경 중앙로역에서 대구 도시철도 1호선 1079호 전동차 1호차에서 방화로 인한 화재가 발생했다. 당시 불길이 객실 내로 번지면서 화재가 확산되자 1079호 전동차에 탑승했던 승객들은 대거 대피했다. 하지만 반대 방향으로 운행해 오던 1080호 전동차는 현장 상황을 알지 못한 채 중앙역 승강장에 진입해 정차했다. 1079호 전동차에서 발생한 불길이 1080호 전동차로 옮겨 붙으면서 화재가 급속도로 확산되었고, 1080호 전동차에서 대규모 인명 피해가 발생했다.

1) 발생 원인 및 원인자

참사는 방화에서 시작됐다. 방화범 김 모(당시 56세) 씨가 뇌졸중으로 인한 장애와 심한 우울증에 시달리다 신변을 비관하여 인화물질을 소지한 채 전동차에 탑승, 전동차에서 방화를 저질렀다. 하지만 화재가 대규모 인명 피해를 초래하는 참사로 확대된 것은 대구 지하철 공사 등 비상대응 기관 직원들의 위기능력 대처 부족 및 안일한 대처 때문이었다는 것이 당시 대구광역시 및 사법부의 판단이었다. 이를 몇 가지로 구분해 정리하면 다음과 같다.

첫째, 화재 발생 직후 중앙로역 역무원이 종합사령실[21]에 화재 상황을 신고하고 119 신고를 요청했다. 하지만 종합사령실에서는 사태의 심각성을 깨닫지 못하고 인근 대구역에서 출발하고 있던 1080호 전동차에 중앙로역에 진입하지 말도록 지시하거나 중앙역을 무정차 통과하도록 지시하지 않았다. 또한 119에 신고를 하지 않았다. 119 신고 및 출동은 당시 전동차 안에 있던 승객들과 휴대전화를 통해 통화한 가족들에 의해 이뤄졌다.

둘째, 화재 발생 4분 후인 9시 57분경 중앙로역 승강장에 검은 연기가 가득 차자 1080호 전동차 기관사가 운전사령에게 열차 무선으로 "엉망입니다. 빠른 조치 바랍니다"라고 지시 요청을 요구했으나, 운전사령은 상황판단을 하지 못한 채 "대기하고 승객들에게 안내 방송하라"고 지시. 이에 따라 1080호 전동차 기관사가 "잠시 후 출발할 것이니 기다려 달라"고 안내 방송하면서 신속한 승객 대피가 불가능해졌다.

---

21 종합사령실은 전동차의 실제 운행을 총괄하는 곳으로 열차 운행관리를 담당하는 운전사령, 전력 공급관리를 담당하는 전령사령, 종합 열차제어 시스템 관리를 담당하는 신호사령, 역사 공조 방재관리를 담당하는 기계설비사령, 열차 무선통신 시스템을 관리를 담당하는 통신사령 등이 근무한다(대구광역시, 2005: 91).

셋째, 전력이 끊기면서 1080호 전동차의 출발이 불가능해진 상황에서 화재가 발생한 지 17분이 지난 10시 10분경 운전사령은 "전동차 판 내리고 대피하라"고 지시했으며, 이에 기관사는 전동차의 마스터컨트롤키를 뽑고 대피했다. 이 과정에서 모든 전동차 객실의 문이 잠기면서 승객들이 대피가 불가능해졌다(대구광역시, 2005: 53-60).

한편 당시 대구의 37개 시민사회단체는 대구 지하철 참사 대책위원회를 구성하고 자체적인 진상조사를 벌였는데, 당시 대구 지하철 참사 대책위원회는 참사의 원인으로 다음과 같은 세 가지 배경에 주목했다. 첫째, 방화로 인한 화재가 불쏘시개가 되어 유독가스를 배출한 가연성 전동차, 둘째, 1인 승무원제로 인한 안전 인력 부족 등의 경영 효율성 정책, 셋째, 취약한 방재 시스템이다(4·16세월호참사 작가기록단, 2017: 109).

참사 피해자들 역시 이러한 조사 결과에 동의하면서 PVC(바닥재), FRP(천장 및 벽면재), 우레탄폼(의자 쿠션) 등 가연재로 만들어진 객차와 좌석 등의 내장재가 불쏘시개 역할을 하면서 대형 화재로 번져 대규모 인명 피해가 발생했다는 점을 강조했다. 실제 당시 열차를 제작한 한진중공업은 위 내장재를 가연성 허용규격 중 가장 낮은 단계에 맞추어 제작했으며 가연재가 포함된 불량 내장재를 사용한 것으로 확인됐다(서윤경, 2019). 이에 따라 화재 신고를 받고 9시 57분에 출동한 소방대원들은 전동차의 급격한 연소 확대에 따른 농연과 화염, 유독가스로 내부 접근이 불가능하여 11시 30분경에나 역사 내부 전동차(지하 3층)에 진입할 수 있었다(대구광역시, 2005: 106).

2) 피해내용 및 피해특성

사망자 192명, 부상자 151명, 실종자 21명으로 총 364명의 인명 피해가 발생했다. 사망자 192명 중 신원이 확인된 사망자는 185명, 신원미확인 사망자는 6명, 인정 사망자는 1명이다.

지하철은 대중교통이고, 화재가 발생한 오전 9시 53분경으로 출퇴근 시간 직후라 비교적 많은 사람들이 이용하는 시간대였다. 따라서 방화로 불이 난 1079호 전동차에는 250여 명의 승객이, 마주 오던 1080호 전동차에는 180여 명의 승객이 탑승해 있었다. 하지만 불이 난 1079호 전동차보다 반대편 승강장에 정차해 있던 1080호 전동차에서 140여 명의 시신이 발견되는 등 희생자와 부상자가 집중됐다. 이는 1079호 전동차는 정차 중으로 문이 열려 있었고, 승객 대부분이 대피한 반면, 반대편으로 운행해 오던 1080호 전동차는 화재 상황을 모르는 상황에서 역에 진입, 정차한 상황에서 화재가 옮겨 붙었으며, 문이 폐쇄된 상황이었기 때문이다. 또한 기관사의 대피명령이 이뤄지지 못해 6개의 전체 객차 중 수동으로 문을 연 두 개의 객차를 제외한 네 개의 객차에서 대규모 인명 피해가 발생했다. 또한 지하 3층 승강장에서 화재가 발생해 피난자의 탈출경로와 연기의 이동방향이 일치한 데다, 화염과 유독가스, 그리고 열기로 인한 시야장애와 호흡곤란 등으로 탈출이 용이치 않아 인명 피해 규모는 더욱 커진 것으로 추정된다. 한편 고열로 시신수습 및 신원확인이 어려운 희생자가 발생한 상황을 고려해 '실종자사망인정위원회'가 구성, 운영됐다. 확정사망 99명, 인정사망 1명, 불인정 19명, 판단유보 2명의 심의결정이 내려졌다(중앙특별지원단, 2003: 7).

〈표 7〉 사상자 현황(총괄) (단위: 명)

계	사망				부상
	소계	신원확인	신원미확인	인정사망	
343명	192	185	6	1	151

* 출처: 대구광역시, 2005: 61.

〈표 8〉 사상자 성별 현황 (단위: 명)

구분	계	남	여	비고
사망자	186	61	125	신원미확인 6명 제외
부상자	151	80	71	법적보상 제외자 포함

* 출처: 대구광역시, 2005: 61.

〈표 9〉 사상자 연령별 현황 (단위: 명)

구분	계	0~9세	10~19	20~29	30~39	40~49	50~59	60 이상
사망자	186	4	30	52	28	15	28	29
부상자	151	3	18	38	39	30	12	11

* 출처: 대구광역시, 2005: 62.

〈표 10〉 사상자 직업별 현황 (단위: 명)

구분	계	무직	학생	가사	자영업	일용직	회사원	공무원	기타
사망자	186	29	47	26	11	2	15	5	51
부상자	151	5	29	37	10	17	32	14	7

* 출처: 대구광역시, 2005: 62.

화재 참사로 1가구에 2명 이상의 사상자가 발생한 가족은 모두 18가구로, 이 중 12가족은 2명 이상의 사망자가 발생했다. 당시 대학교 졸업식 참석차 일가족이 함께 지하철을 이용하다 사고를 당한 경우가 다수였다(대구광역시, 2005: 62).

〈표 11〉 동시 사망자 현황 (단위: 가구)

계	부 · 모	모 · 자	처 · 자	자녀		
				딸	아들	딸 아들
12	2	1	6	1	1	1

* 출처: 대구광역시, 2005: 63.

대구트라우마센터가 유가족을 대상으로 실시한 실태파악 및 욕구조사(2016)에 따르면, 유가족들은 참사 발생 13년이 지난 시점까지도 신체적, 정신적인 질환과 고통을 경험하고 있는 것으로 나타났다. 이 중 핵심 내용을 간추려 살펴보면 다음과 같다.

첫째, 신체적으로는 ▲혈압, 뇌졸중 16%, ▲위장장애 14%, ▲심장질환 13%, ▲소화기 장애 8%를 경험하고 있었으며, 정신적으로는 ▲우울, 불안 20%, ▲음주문제 7%로 나타나 응답자의 대다수가 하나 이상의 신체적 또는 정신적 질환을 경험하고 있는 것으로 나타났다.

둘째, 외상 후 스트레스 장애와 관련해서는 증상 발현이 ▲전혀 없음, 단 1회가 29%인 데 반해, ▲일주일에 1회 24%, ▲일주일에 2회 23%, ▲일주일에 5회 이상 23%라고 응답해 71%가 현재까지도 트라우마로 고통받고 있는 것으로 나타났다.

셋째 음주문제와 관련해 76%가 음주문제로 어려움을 겪고 있다고 응답했는데, 이는 일반인들과 비교했을 때 높은 수치다.

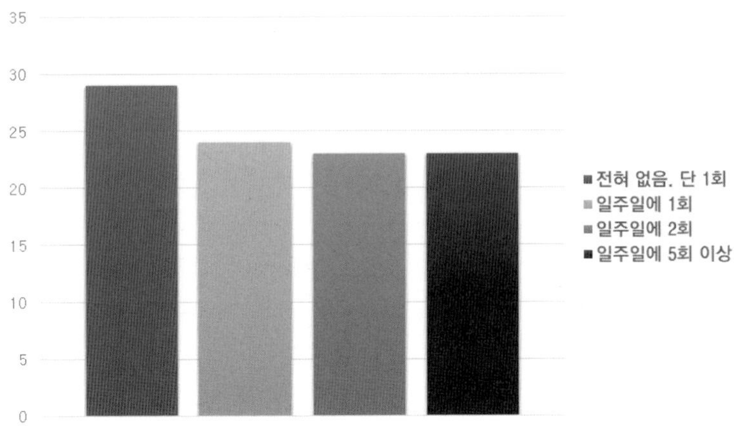

〈그림 8〉 대구 지하철 참사 유가족의 외상 후 스트레스 장애 빈도 (단위 %)

* 출처: 2·18안전문화재단, 2016: 54.

넷째, 사회적 지지체계로부터의 관심과 지지를 경험한 정도를 조사한 결과 ▲도움 안 줌 40%, ▲도움 줌 34%, ▲많이 도움 줌 26%로 조사됐다. 참사 이후 가장 큰 도움을 준 집단은 유가족 및 피해자모임 88%로 나타났다(2·18안전문화재단, 2016).

정부가 파악한 부상자는 총 146명[22]이었다. 부상자들은 대부분 질식과 유독가스 흡입에 의한 호흡기 문제와 정신적 충격에 의한 외상 후 스트레스 증후군 증상을 보였다. 부상자 중 68%가 30일 이상, 11%가 21~30일, 15%가 11~20일, 12%가 5일 미만 병원에 입원해 치료를 받았다(중앙특별지원단, 2003: 16).

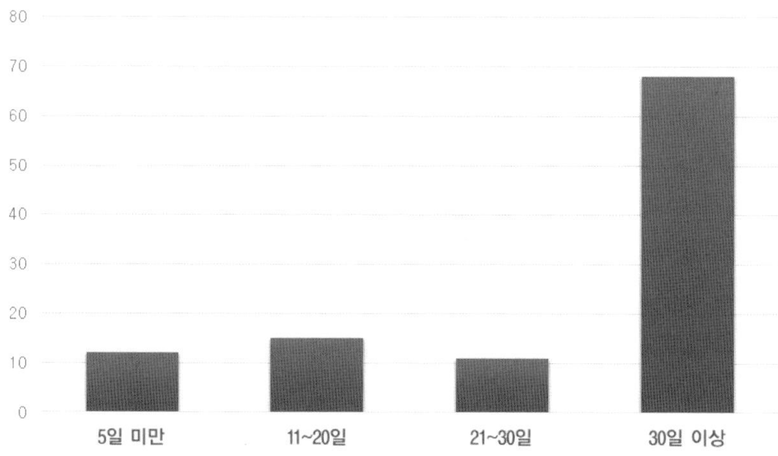

〈그림 9〉 대구 지하철 참사 부상자 입원기간

* 출처: 중앙특별지원단, 2003: 16 재구성.

22 사고 당시에는 후유증을 인지하지 못했으나 추후 호흡곤란, 정신이상 등의 이상을 경험하면서 부상자로 신고해 부상자 인정을 받은 경우가 존재하면서 부상자 수가 이후 151명으로 확대되었다.

2004~2006년까지 3년간 부상자 전원을 대상으로 실시한 후유증 발생 등 건강상태 관련 코호트 연구 조사가 실시되었다. 연구 결과에 따르면 당시 부상자 중 흉곽 내의 기질적인 심각한 합병증은 발생하지 않았으나, 일부 부상자들은 유해가스 흡입에 따른 것으로 추정되는 기도 과반응성의 합병증 양상을 보인 것으로 확인되었다(대구광역시, 2006: 39). 이빈후과적 측면에서는 일부 부상자들에게서 후두 점막에서의 이상소견들이 발견되었으며, 다수의 부상자들에게서는 병변이 남아 있는 것으로 파악되었다(대구광역시, 2006: 58). 무엇보다 심각하게 제기된 것은 정신적 문제로, 상당수의 부상자들이 2년여의 시간 경과에도 불구하고 정신과적 후유증, 특히 외상 후 스트레스 장애와 우울증을 가지고 있는 것으로 나타났다. 보상 및 피해 회복 등 사후처리가 완결되지 못한 점이 정신적 스트레스를 가중한 원인일 수 있다는 일부의 해석이 있었다(대구광역시, 2006: 77).

3 원진레이온 직업병 사건

원진레이온 직업병 사건(이하 원진레이온 사건)은 비스코스 인견사(레이온)를 생산하던 원진레이온에 근무하던 노동자들이 노동과정에서 이황화탄소(CS_2)에 노출, 중독돼 사망하거나 심각한 질환을 갖게 된 직업병 사건을 의미한다. 원진레이온 사건은 단일사업장에서 발생한 국내 최대 규모의 직업병 사건으로,[23] 직업병의 원인이 된 독성물질이 명료하게 밝혀진 유해화학물질 노출 및 중독에 의한 산업재해라는 특수성을 갖는다.

23 진폐증, 소음성 난청을 제외하고 가장 많은 환자가 한 사업장에서 발생한 사건이다.

원진레이온 사건은 한국 노동사에서 매우 중요한 상징적 위치를 점하는데, 이황화탄소(CS_2) 중독에 따른 산업재해를 직업병으로 인정받기 위한 원진레이온 노동자들의 투쟁은 한국 사회에서 ▲직업병 문제를 사회의제화하고, ▲일터에서 건강하게 일할 노동자들의 권리에 주목하게 만들었으며, ▲국내 산업보건제도의 발전에 크게 기여했다는 평가를 받는다. 원진레이온 투쟁을 계기로 노동조합에 노동자 건강문제를 전담하는 부서가 생기기 시작했으며, 노동자들이 산업안전보건과 관련된 각종 제도적 장치에 참여하기 시작했다. 또한 산업보건제도와 관련해 산재문제에 대한 의학적 관심과 접근수준이 향상되고 산업안전보건연구원의 신설과 산업안전보건법의 개정 등 제도적 조치 개선의 중심적 역할을 했다.

1) 발생 원인 및 원인자

원진레이온에서 이황화탄소(CS_2)에 의한 최초의 중독 환자는 1981년 처음 보고된 이래 2020년 10월까지 약 900명이 산재 승인을 받았다.[24] 1981년 보고된 최초의 중독 환자 홍○○ 씨는 당시만 해도 이황산가스(SO_2) 중독으로 잘못 알려졌다. 하지만 이후에도 언어장애, 팔다리 마비 등의 통증과 이상 징후를 경험한 노동자들이 속출하면서 원진레이온 노

24 원진직업병관리재단의 통계에 따르면 2020년 9월 14일 현재 직업병으로 산재 승인을 받은 수는 916명으로 추정된다. 추정이라는 표현은, 모든 산재 승인자를 원진직업병관리재단이 파악하지 있지는 못한 현실에 따른 것이다. 한편 연구자가 2020년 10월 근로복지공단에 정보공개를 청구해 받은 자료에 의하면, 원진레이온에서 1980년 첫 직업병 환자가 보고된 이래 2020년 현재까지 이황화탄소 중독에 따른 직업병을 포함해 산업재해를 승인받은 전체 건수가 937건이다. 또한 이러한 통계 역시 원자료가 오래되어 추산이 어려운 지점이 있어 공식적인 통계로 보기 어렵다는 것이 근로복지공단의 입장이다. 따라서 직업병으로 산재 승인을 받은 노동자의 수를 정확히 추산하기 어렵다는 점을 감안할 때, 이황화탄소 중독으로 인해 산업재해 승인을 받은 노동자는 약 900명 규모로 추정해 볼 수 있다.

동자들은 회사를 상대로 개별적으로 직업병을 주장해 왔다. 그러던 중 방사과에서 14~18년간 근무하다 퇴직한 노동자 4명이 팔다리의 감각이상 및 마비증상을 호소하며 1987년 1월 청와대와 노동부에 진정서를 제출해 정밀검사를 요청하였다. 이후 실시된 노동부 조사를 통해 이황화탄소에 의한 직업병 발생 사실이 최초로 인정되었고, 이황화탄소에 의한 직업병 인정 및 산재 요양 승인이 이뤄졌다.[25] 그리고 1991년에는 이황화탄소 중독에 대한 업무상 재해 인정기준이 만들어졌다.

작업공정에서 사용, 발생한 이황화탄소의 강한 유독성에도 불구하고 당시 노동자들은 아무런 보호 장비나 안전장치가 마련되지 않은 노동환경에서 장시간 고강도 노동을 하며 이황화탄소에 무방비로 노출되었다. 이황화탄소는 1796년 한 독일 화학자에 의해 발견된 화합물로, 1800년대 유럽의 성냥 제조공장에서 인을 녹이는 용제로 처음 사용됐다고 알려져 있다. 이후 납, 고무, 셀로판, 살충제, 네오프렌 시멘트 제조 등의 원료로 사용됐으며, 산업화 시기부터 비스코스 레이온 섬유 생산의 주 제조원으로 사용됐다. 한편 제2차 세계대전 때는 강한 독성으로 독일이 사용한 신경독가스의 원료로 사용되기도 했다.

27년간 인견사를 만드는 과정에서 이황화탄소에 노출, 중독되어 이상증상을 호소하는 노동자들이 속출했다. 하지만 사측은 오랫동안 직업병으로 인한 산업재해 가능성을 전면 부인했으며, 사측 책임이 드러난 이후에도 매우 소극적인 자세로 일관했다. 노동부 역시 이황화탄소가 허용기준치의 2.6배, 유화수소가 1.3배 이상 높게 검출에도 불구하고 25,000시간 무재해 기록증을 원진레이온에 발급하는 등 제대로 된 관리 감독을 수행하지 않아 피해를 키웠다.

25 이는 우리나라에서 이황화탄소 중독에 관한 진단과 연구가 처음 시작된 계기였다.

2) 피해내용 및 피해특성

원진레이온 직업병 피해자는 첫 직업병 판정 이후 2020년 현재까지 약 900여 명 규모로 추산된다. 주목할 점은 이황화탄소로 인한 직업병 산재환자가 원진레이온이 폐업한 이후로부터 20년이 지난 시점까지 발생해 왔다는 것이다. 이는 유독화학물질의 유독성이 신체적 증상으로 발현되는 데는 개인별 시간차가 존재하고, 또한 직업병 인정기준의 확장에 따라 피해자 역시 확장될 수 있다는 점을 보여준다. 일례로, 대부분은 질병 발생 직후 1년 이내에 산재 승인이 나는 데 반해 산재 승인 결정까지 14년이 걸린 경우도 있다(이동현, 2020: 40).

원진레이온 직업병 피해자에 대한 최초 승인 당시 이황화탄소 중독증 관련 질병 중 일부만을 상병으로 특정해 왔으며, 이에 따라 매우 제한적인 증상과 질환만 피해로 인정되면서 이와 관련한 다양한 소송이 제기되었다. 산재소송의 주요 쟁점은 크게 네 가지로 ① 추가상병 신청 상병과 사망원인 질병과의 인과관계, ② 이황화탄소중독증과 2차 질병이 기존 질병 악화에 영향을 미쳤는지 여부, ③ 이황화탄소 중독증, 2차 질병이 노출 중단 이후 장기간이 지난 시점에까지 영향을 미치는지 여부, ④ 임상 또는 연구 보고 등으로 위 쟁점에 대한 연관성이 있다는 결과가 있는지 여부 등이었다(정병은, 2017).

근로복지공단 통계에 따르면 직업병을 포함해 원진레이온 노동자 중 산재 승인을 받은 건은 총 937건이고, 원진직업병관리재단 통계에 따르면 2020년 9월 기준 직업병 산재 승인자 수는 916명이다. 이 중 256명이 사망했으며, 생존자는 660명으로, 생존자 중 587명이 휴업급여, 73명이 상병 보상을 받았다. 근로복지공단 통계에 따르면 원진레이온의 산재 승인 건수 및 산재 승인 연령은 〈표 12〉에서 보는 바와 같다.

〈표 12〉 재해 연도별 산재 승인 현황 (단위: 건)

구분	산재 승인	승인건 중 요양 중 사망
1980~1984년	1	1
1985~1989년	58	15
1990~1994년	538	65
1995~1999년	262	35
2000~2004년	74	6
2005~2009년	3	1
2010~2014년	0	0
2015~2019년	1	0
총합계	937	123

* 출처: 근로복지공단, 2020. 10. 정보공개청구 내용.

한편 원진레이온 직업병 문제가 사회화되었을 당시 원진레이온 공장이 위치했던 지역 거주민들의 이황화탄소 노출에 의한 발병 가능성이 제기되었으나 이에 대한 역학조사 미실시로 주민피해는 확인되지 못했다. 일반적으로 이황화탄소에 노출돼 만성 중독된 노동자들은 신경쇠약적 증상, 말초신경병증의 증상 및 징후, 불안감, 자극예민성, 조울증, 편집성 경향 등의 심리적 장애 혹은 변화 등의 징후를 보이는 것으로 보고된다. 또한 고혈압, 신장질환, 다발성뇌경색, 관상동맥질환, 시신경위축, (다발성) 말초신경병변, 감각신경성 난청, (기타의) 망막병변, 망막미세혈관류, 혈뇨, 빈혈 등의 신체증상을 호소한다.

만성중독의 경우 조금씩 중독되고 그 증상의 발현에 차이가 존재하기 때문에 초기 발견이 어렵다는 게 전문가들의 소견이다. 또한 일반적으로 이황화탄소가 인체에 미치는 영향은 비특이적이어서 아래의 '한국의 이황화탄소 중독으로 인한 업무상 재해 인정기준'을 참고해 개별적 환례에 관한 확률을 근거로 진단하고 있다. 이때 업무상 재해로 인정받기 위해서

〈표 13〉 한국의 이황화탄소 중독으로 인한 업무상 재해 인정기준

① 일반적 인정요건

이황화탄소(이하 "CS_2"라 한다) 증기에 폭로되는 업무에 종사한 경력이 있는 노동자가 다음 각호의 1에 해당하는 증상이나 소견을 나타내어 의학적으로 요양이 필요하다고 인정되는 경우에는 근로기준법 시행령 제54조 제23조에 의한 질병으로 본다.

1. 10ppm 내외의 CS_2 증기에 폭로되는 업무에 수년 이상 근무한 노동자로서 다음 각 항목 1에 해당하는 자
   가) 망막의 미세혈관류, 다발성 뇌경색증, 신장조직검사상 모세관간 사구체경화증 중 하나가 있는 경우
   나) 미세혈관류를 제외한 망막병변, 다발성말천신경병변, 정신장해 중 2가지 이상이 있는 경우
   다) 나목의 장해 중 1가지가 있고 신장장해, 간장장해, 조혈계장해, 생식계장해, 감각신경성난층, 고협압 중 1가지 이상이 있는 경우
2. 수십 ppm 이상의 증기에 수주 이상 수년간 폭로되고 있는 노동자에게 의식혼탁, 섬망, 정신분열증, 조울증과 같은 정신이상 증세가 갑자기 나타나는 경우
3. 대량 또는 고농도의 CS_2 증기에 폭로되어 의식장애 등의 급성 중독증상을 일으키는 경우

② 의학적 진단요건

1. 제1항의 경우에 피해 노동자의 병력, 가족력, 직업력, 작업내용, 작업환경 측정 결과 기록 등을 참고하여 결정한다. 다만, 작업환경 측정 결과를 확인할 수 없는 기간의 근무경력을 가진 자의 경우 제1항 각호에 규정된 CS_2 폭로량 및 폭로기간에 대한 기준을 적용하지 아니할 수 있다.
2. 제1항 제1호 가목과 나목의 경우에 당뇨병, 고혈압 및 기타 혈관장해 등 다른 원인으로 인한 질환을 배제하여야 하고, 제1항 제1호 다목도 감염 등의 다른 원인으로 인한 질환을 배제하여야 한다.
3. 제1항 제1호 가목의 모세관간 사구체경화증을 확인하기 위한 신장조직검사는 다른 장해가 없고 신장장해만 있는 자 중에서 신장장해에 대한 다른 원인을 충분히 배제한 경우에만 실시할 수 있다.

* 출처: 임상혁, 2016. 10.

는 이황화탄소 노출 및 중독시 빈번히 발현되는 증상 및 징후의 유무 이외에도 ▲이황화탄소 노출의 확인, ▲다른 원인에 의한 질병 배제라는 조건을 만족시켜야 한다(임상혁, 2016: 10).

〈표 14〉 부서별 이황화탄소 중독 환자 발생 현황 (단위: 명)

부서명	인원	부서명	인원
방사과	262명	화공과	8명
후처리과	154명	환경관리과	7명
원액과	48명	비상계획과	7명
정비과	48명	방사정비과	7명
산회수과	27명	포장과	6명
원동과	22명	시험분석과	6명
계전과	17명	이탄과	5명
공무과	10명	사무관리과	14명

* 출처: 임상혁, 2016. 7.

원진레이온 직업병 피해의 특이점은 일반적으로 산업재해는 생산직의 낮은 직급 노동자에게 주로 발생하는 데 반해 원진레이온의 경우 생산직, 관리직 구분 없이, 또한 직급의 차이 없이 집단적으로 발생하고 산재 승인을 받았다는 데 있다(윤성은, 2018). 일상적으로 이황화탄소에 직접 노출됐던 방사과, 후처리과 노동자들 중에서 가장 많은 산재자가 발생하긴 했으나 이황화탄소의 직접 노출과 큰 관련이 없는 부서, 직급에서도 다수의 산재자가 발생했다.

또한 다음 〈표 15〉와 〈표 16〉에서 확인할 수 있는 바와 같이 노동자 연령 및 근속 연수와 큰 유관관계 없이 산재자가 발생했다. 이런 수치를 감안할 때, 1981년 이전에 근무했던 노동자들 가운데 밝혀지지 않은 직업병 피해자가 존재했을 것으로 추정된다. 참고로 원진레이온 종업원 수는 1960~1970년대 3천여 명에 이르렀으나 1980년대 들어서는 1,500여 명 정도가 근무한 것으로 추정되며, 1987년에는 1,440명, 1990년 1,648명, 1993년 폐업 당시에는 811명이 근무했던 것으로 보고된다(임상혁, 2016: 5-6).

〈표 15〉 재해 당시 연령별 산재 승인 현황 (단위: 건)

연령	산재 승인
총합계	937
25~29세	9
30~34세	48
35~39세	98
40~44세	137
45~49세	228
50~54세	182
55~59세	139
60~64세	73
65~69세	17
70~74세	6

* 출처: 근로복지공단, 2020. 10. 정보공개청구 내용.

〈표 16〉 근무경력별 산재 승인 현황 (단위: 건)

근무경력[26]	산재 승인
총합계	937
0~5년	40
5~10년	81
10~15년	173
15~20년	232
20~25년	172
25~30년	142
30~35년	80
35~40년	15
40~45년	2

* 출처: 근로복지공단, 2020. 10. 정보공개청구 내용.

26 근무경력: 최초 요양신청서상 입력된 채용일자부터 재해일자까지 단순 계산한 자료로 실제 근무경력과 다를 수 있다.

원진레이온 직업병 산재 승인을 받은 708명을 대상으로 한 이학적 검사와 특수검사 결과(정휘민 외, 2016)에 따르면, 현재 산재자들은 신경통, 두통, 기억력장애, 전신미약감, 시력장애, 성욕감퇴 등 신경계통의 증상을 경험하고 있는 것으로 나타났다. 검사 소견 중 단백뇨가 가장 흔한 소견이었으며 근전도상 다발성 신경염, 안저(眼底) 검사 소견상 출혈, 미세동맥류 변화, 고혈압, 뇌졸중 증상이 관찰되었다. 이런 증상들은 노출량 및 노출기간과 밀접한 연관을 맺는 것으로 나타났다. 또한 이황화탄소 노출 농도가 높은 산재자일수록 일상생활 수행능력이 감소한 것으로 확인되었다. 일례로 옷입기, 화장실 가기, 목욕하기 등은 물론이고 적극적인 일상생활 유지에도 어려움을 겪음에 따라 타인의 도움을 상시적으로 필요로 하며, 낙상 위험도 증가한 것으로 나타났다. 우울증, 불안장애, 수면장애, 인지기능장애 등의 어려움 역시 동반되었다(조주연·조현, 2017). 원진레이온 직업병 산재자 중 적지 않은 수가 스스로 생을 마감했는데, 자살자 중 70% 이상이 정신과 약물을 복용했던 것으로 확인된다.

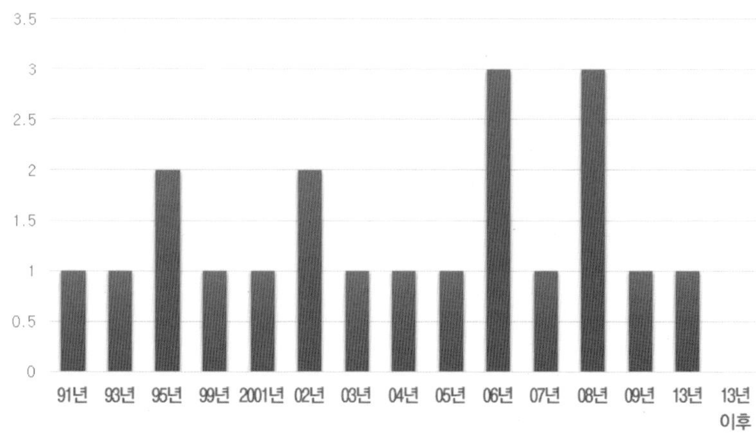

〈그림 10〉 연도별 자살자 현황

* 출처: 원진직업병관리재단, 2020. 10. 재구성[27]

이와 관련해 구리 녹색병원과 서울 녹색병원이 2009년과 2013년도 2차례에 걸쳐 450여 명의 산재자들을 대상으로 우울증상, 자살 충동 및 시도를 조사한 결과에 따르면, 이황화탄소 중독증이 심할수록 우울증상이 심각한 것으로 확인되었다(윤간우, 2017). 또한 1차(2009년)와 2차 조사(2013년)에 모두 참여한 산재자들을 비교 분석한 결과 1차 조사에서 우울증상 점수의 평균은 29.08점이었던 반면 2013년에는 33.27점으로 증가하였다. 또한 2009년 조사보다 우울증이 개선된 산재자가 25.12%였던 반면 4년간 우울증상이 더욱 악화된 경우가 54.98%를 차지할 만큼 심각한 상태를 보였다(신동희·윤간우, 2013: 646; 윤간우, 2017). 이는 원진 직업병 산재자들의 정신건강이 시간이 갈수록 완화, 해소되기보다는 악화되거나 여전히 진행 중임을 보여준다.

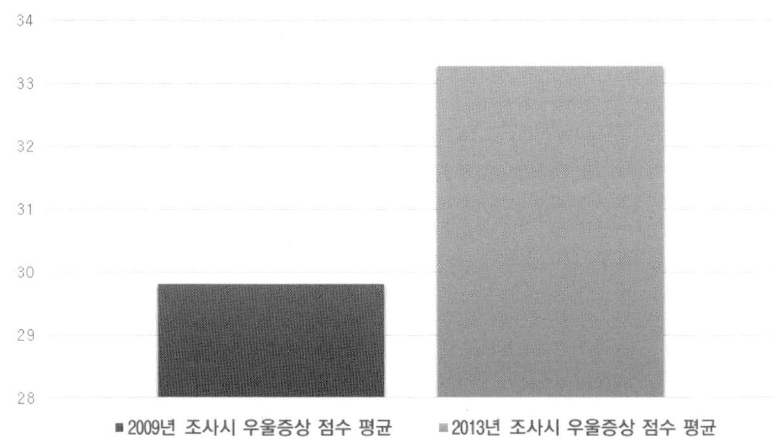

〈그림 11〉 2009년과 2013년 비교 우울증상 점수 (단위: %)

* 출처: 윤간우, 2017.

27 위 자료는 연구자가 본 보고서 작성을 위해 원진직업병관리재단에 청구해 별도로 받은 자료로, 21명의 자살자 현황 통계에는 자살로 추정되나 부검 등이 제대로 이뤄지지 않아 정확한 사망원인이 미상으로 남아 있는 9건도 포함돼 있다.

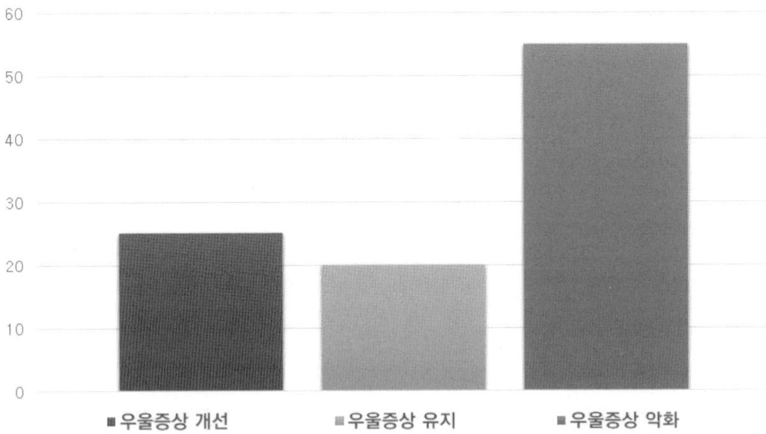

〈그림 12〉 2009년과 2013년 비교 우울증상 개선 여부 (단위: %)

* 출처: 윤간우, 2017.

〈표 17〉 사회적 재난별 피해 내용 정리

구분	국 내				국 외		
사건명	가습기살균제 참사	4·16 세월호 참사	대구 지하철 참사	원진레이온 직업병 사건	미나마타병 사건	탈리도마이드 사건	AZF 폭발 사고
사건 성격	바이오사이드 사건	사회재난	사회재난	직업병 산업재해	공해병 환경오염 사건	약제 사건	폭발 사건
발생 장소	전국	진도군 해상	대구광역시	경기도 남양주시	일본	독일 포함 50여 개국	프랑스
발생 연도	• 995년 첫 공식 사망자 보고 • 2011년 정부역학조사로 원인 밝히지며 사건 알려짐 • 1994년 첫 제품 출시 이래 최소 2011년까지 판매됨	• 2014년 4월 16일	• 2003년 2월 18일	• 1966년 첫 가동(1993년 폐업) • 1981년 첫 사망자(신고자 중) • 1987년 노동부 조사로 원인 밝혀지며 이황화탄소에 의한 직업병 발생 사실 최초 인정, 1991년 이황화탄소에 중독에 대한 업무상 재해 인정기준 마련	• 1956년 첫 공식 환자 보고(첫 의심환자는 1942년 보고됨) • 1968년에서야 정부가 연관성 인정하고 폐수 방류 중단시킴 • 참고로 니가타현 첫 환자는 1964년 보고됨	• 1957년 첫 제품출시 후 최소 1960년대 초반까지 50여 개 국가에서 판매 • 1956년 첫 부작용 사례 보고 • 판정기준 확장에 따라 피해자 증가	• 2001년 9월 21일
발생 원인	• CMIT/MIT, PHMG, PGH, BKC 등 인체에 유해한 화학물질이 다량 함유된 가습기살균제가 17년간 아무 제재 없이 판매됨에 따라 이를 사용한 소비자들이 화학물질에 노출돼 발생	• 진상규명 중. 참고로 세월호 선체조사위원회는 배의 침몰 원인으로 내인설과 열린안 양측 모두 타당성 있다고 판단	• 직접적 원인은 방화에 의한 화재 • 간접적 원인은 대구 지하철 공사 관계자 등의 위기대처 능력 및 초기대응 실패 • 가연성 내장재 소재와 경영효율성 정책, 취약한 방재 시스템	• 비스코스 인견사(레이온)을 생산의 주 원료이자 작업공정에서 유독물질인 이황화탄소가 배출됨에도 불구하고 노동자들이 무방비 상태로 작업환경에 노출되어 중독됨	• 1932~1968년까지 36년간 수은 함유된 공장 폐수가 무단 방류됨에 따라 어패류가 수은에 고농도로 축적되고 인간이 이를 다량 섭취함에 따라 발생 • 1956년 첫 환자 보고됐음에도 불구하고 1968년 생산중단까지 오염이 계속되면서 피해 확산됨	• 태아에 치명적 위해를 가할 수 있는 탈리도마이드 성분 함유된 제품이 제대로 된 임상실험 없이 1957~1960년대 초반까지 최소 52개 상품명으로 전 세계 50여 개국에서 '무독성'으로 판매	• 300톤가량의 암모나이트가 폭발
원인자	• 옥시레킷벤키저, 테스코, 헨켈, 케톡스 등 5개 유럽기업 • SK, 롯데, 이마트, 애경, 삼성, GS, LG 등 국내기업 등 30여 제조판매기업 및 대기업 • 정부관계부처(환경부, 산업부, 복지부 등)	• 청해진해운 • 해경, 정부 컨트롤타워를 비롯한 정부 관계 부처	• 방화자 김모 씨 • 대구 지하철 공사 관계자 등	• 원진레이온 • 노동부	• ㈜칫소(신일본질소)와 쇼와전기 • 정부와 지방자치단체	• 독일 제약회사 그뤼넨탈(Grünenthal GmbH)	• 비료공장 AZF(AZote Fertilisant)

피해자	소비자	승선원, 승무원	승객, 역무노동자	노동자, 지역 주민(지역 주민에 대한 역학조사 중단으로 피해 확인 안 됨)	지역 주민	환자, 임산부	노동자, 지역 주민
피해 내용	• 사망 • 폐질환, 피부질환, 간독성, 심장질환, 천식, 폐렴 등 비특이적 질환, 만성질환 등 • 인정 질환 확대 중	• 사망 • 신체질환 • 트라우마 등 정신적 질환	• 사망 • 호흡기 및 피부질환 등 • 트라우마 등 정신적 질환	• 신경쇠약 • 말초신경병증 (중풍 등 보행 불가) • 불안감, 쇠약증 등의 심리적 장애	• 시라누이 해역과 나가노강 유역의 생태계 오염, 오염 어패류 섭취로 인한 인간 수은 중독 • 사망, 중추신경 마비(전신, 부분), 언어청각 기능상실, 시야협착, 손과 다리 마비, 운동실조 등 • 태아성 미나마타병	• 사망 • 팔과 다리가 없거나 짧은 기형, 눈과 귀의 손상, 안면 손상, 신장기형, 심장기형, 내장 및 골격 이상, 기관지 및 폐질환 등의 선천성 질환	• 사망 • 난청 • 트라우마 등 정신적 질환
피해 규모	• 피해신고자 중 사망자가 1,563명 • 그러나 추정에 따르면 사망 피해자는 1만4천 명으로 추산됨 • 또한 제품 사용자는 약 627만 명, 이에 따른 건강피해경험자는 약 67만 명, 건강피해로 병원진료를 받은 인구는 약 55만 명으로 추정됨	• 사망자 304명 • 생존자	• 사망자 192명, 부상자 151명, 실종자 21명	• 최초 확인자부터 2020년 10월까지 산업재해 승인을 받은 사람은 약 900명으로 추산	• 공식 인정 피해자는 2,283명 (니이가타 현 715명 포함) • 어떤 형태로든 구제조치에 포함된 미나마타병 피해자 수는 약 7만 명으로 추산됨	• 유럽에서만 8천여 명, 전 세계 52여 개국에서 1만~1만 5천여 명 이상의 기형아 탄생 • 최근 들어 전 세계적으로 24,000명의 기형아가 탄생했다는 보고가 있음	• 사망자 31명 • 부상자 2,500여 명
피해 특성	• 영유아, 산모, 노인 피해 집중, 태아노출피해 • 가족단위 피해자 많음	• 단원고 2학년 학생들 및 교사에 피해 집중	• 화재발생 전동차 반대편 전동차에서 인명 피해 집중 • 18가구에서 2명 이상의 사상자 발생	• 업무부서, 근무 연수, 연령과 무관하게 광범위한 노출 피해자 발생	• 경제적으로 가난한 어부의 가족에 피해 집중	• 태아, 신생아, 산모 집중 피해	• 사회취약계층에 피해 집중

6장

사회적 재난을 기억하기

1 참사 기억의 사회화

피해자에 대한 추모나 사건의 기념화는 일차적으로 피해자를 위로하고 함께 고통을 나누고자 하는 사회적인 행위이다. 특히, 재난이나 국가범죄와 관련해서 추모는 비극적인 사건을 공식적으로 기억하는 행위로서, 과거의 불행을 다시는 반복하지 않겠다는 국가와 사회의 미래적 의지를 포함한다. 기념일의 제정, 추모기념관의 설립 등은 참사의 기억을 사회화함으로써 피해자를 위로하고 재발을 방지하고자 하는 문화적 장치들이라고 할 수 있다.

하지만 참사 이후 진상조사와 피해지원이 더 시급한 과제가 되면서 참사 기억의 사회화는 상대적으로 중요하게 다루어지지 못했거나 후속 과제로 미루어져 왔다. 피해자들 또한 추모기념관 설립을 포함한 기억의 사회화 논의는 시기상조라고 생각해 왔을 수도 있다. 진상조사와 피해보상이 이루어지지 않은 상태에서 기념일 제정과 추모기념관 설립을 거론하는 것이 피해자들에게는 사건을 역사화하려는 것이 아닌가라는 오해를 불러일으킬 수도 있는 일이다.

하지만 재난 참사의 경우 대부분 진상조사와 피해보상에 매우 오랜 시간이 걸린다. 특히, 추가조사와 피해지원 논의가 진행되고 있는 참사일 경우 그 끝을 알 수 없다. 이러한 점에서 참사 기억의 사회화를 진상조사와 피해보상 이후의 과제로 보는 단계적 사고에서 탈피할 필요가 있다. 기억의 사회화 논의는 진상조사와 피해보상이 좀 더 정의롭게 해결되도록 하는 데 기여할 수 있다는 점에서 희생자들에 대한 추모와 건강피해 경험자들에 대한 위로와 함께 사건의 의미와 과제를 사회적으로 기억하고 기념하기 위한 논의를 지금부터라도 적극적으로 추진할 필요가 있다.

물론 참사 기억의 사회화 논의가 전혀 없었던 것은 아니다. 예컨대, 이영희(2019)는 참사 기억의 사회화 필요성에 대해 다음과 같이 주장한 바 있다. "참사 기억의 사회화는 다시는 한국 사회에서 이러한 참사가 일어나지 않도록 사회 구성원들로 하여금 성찰하고 노력하게 하는 문화적 기제로 작동할 뿐만 아니라, (…) 참사를 겪으면서 몸과 마음이 함께 피폐해져 버린 수많은 피해자들의 존재를 사회적으로 기억하게 하고 그들의 고통에 대해 동료시민으로서의 연민을 고취시킬 수 있다는 점에서 피해자들 스스로가 이를 통해 정신적 지지감과 연대를 느낄 수 있을 것으로 기대된다(이영희, 2019: 305-306)."

이러한 관점에서 참사 기억의 사회화란, 사회 구성원들이 피해자들의 고통에 공감하고 연대할 수 있도록 피해자들의 기억을 문화적 기억으로 재현하고 성찰함으로써 참사가 되풀이되는 것을 막으려는 사회적 노력이라고 할 수 있을 것이다. 이와 관련해 이영희(2019)는 '재난 시티즌십(disaster citizenship)'이라는 개념을 제시하면서, 참사 기억의 사회화는 일반 시민들의 책무감과 덕성을 고양시킬 수 있다고 제안한다. 재난 시티즌십이 함양시키는 항목들은 다음과 같다. "첫째, 자신과 공동체의 안전 확보를 위해 재난 위험에 대한 지식을 학습하고 활용해야 할 책무, 둘째, 자신과 공동체를 둘러싼 재난 위험에 대해 시민적 관심을 기울이고 성찰성을 유지해야 할 책무, 셋째, 재난 피해자에 대한 연민과 공감, 그리고 시민적 연대성의 책무 등을 들 수 있다(이영희, 2019: 306).”

2 사회적 재난의 기억 공간

1) 공적 애도와 사회적 치유의 공간

기억이론의 선구자 모리스 알브 박스는 “기억과 공간의 관계는 근원적인 것으로, 기억은 본래부터 공간을 창조함으로써 공고해진다”고 주장한다(전진성·최호근·양금식, 2006: 40). “그러나 이 재현의 행위를 통해 진정한 의미의 기억의 공간을 만들고자 하는 시도는 많은 경우 정치적, 경제적, 사회적, 도덕적 요소들에 의해 영향을 받으며 변질되어져 왔고 역사적 트라우마와 진지하게 대면하는 일 역시 방해되어져 왔다(우지연, 2013: 114).” 왜 참사가 발생했는지, 누구에게 책임이 있는지, 사건 이후에 우리 사회가 어떻게 대응해 왔는지 등에 대한 정치적·사회적 의미를 제대로 평가하고 반영하지 않는다면, 추모기념관이 오히려 진실을 왜곡하거나 은폐하고, 피해자들의 회복을 방해할 수도 있다는 역설에 유의해야 한다는 것이다. 따라서 다음과 같은 점들을 고려할 필요하다.

첫째, 다층적 피해자의 존재다. 다층적인 피해자(사망자와 유족, 질환자와 가족, 인정받은 피해자와 미인정 피해자, 잠재적 피해자 등)가 존재하고, 피해의 양상이 가족화로 나타나는 사회적 재난은 그동안 사망자에 대한 공적 애도와 피해경험자들에 대한 사회적 치유를 어렵게 하는 요인이 되어 왔다. 누가 피해자인지, 어디까지 피해로 볼 것인지가 여전히 논쟁 중에 있기 때문에 피해자들 간에 구별이 생겨나고 분열을 초래하는 결과로 이어진 것이다.

법제도에 의해 추모기념관이 조성되면 어떤 피해까지 기억하고 기념할 것인가의 문제가 또다시 대두될 수밖에 없다. 추모기념관이 피해자들을 인정과 미인정으로 구분하고 배제하는 새로운 갈등의 장치가 되지 않기 위해서는 추모기념관의 설립 논의에서부터 참사 피해의 차별성에 대한 깊은 이해와 공감, 사회적 관심과 공론화를 이끌어 낼 필요가 있다.

둘째, 추모기념관의 설립과 관련해 참사가 기업과 국가에 책임이 있는 사건으로 명명되기까지 피해자들의 헌신과 노고가 있었다는 점을 특별히 기억해야 한다. 추모기념관은 원인도 모르고 죽어간 이들을 기억하고, 사건의 해결을 위해 헌신해 온 피해자들을 존중하고 위로하기 위한 목적이 크다. 김명희가 강조하였듯이, “피해자들에게 추모사업은 사건에 대한 피해자의 권리이자, 공적 애도의 공간에서 희생자의 죽음이 지닌 사회적 의미에 대한 사회적 인정을 얻고 진실의 부인과 왜곡으로 손상된 명예와 존엄을 회복하는 과정”이다(2019: 172). 추모기념관은 피해자들에 대한 사회적 인정과 지지, 피해자들의 명예회복을 통해 유사한 사건의 재발을 방지하는 가장 기본적인 조치이자, 확실한 보증 장치가 될 수 있다. 또한, 추모기념관 설립을 통한 사회적 인식의 변화는 피해자들이 위로를 받으며 사회적 치유로 나아갈 수 있는 수단이 될 수 있다. 요컨대, 추모기념관은 참사의 정치적·사회적 의미를 제대로 평가하고 재현함으로써 사망자들에 대한 공적 애도와 건강피해경험자들의 사회적 치유를 돕는 문화적 장치로서 마련될 필요가 있다.

2) 피해 기억과의 대면 공간

피해자들의 사회적 치유는 기억을 ‘제대로’ 대면하는 것으로부터 시작될 수 있다. 기억과의 대면을 위한 공간 요소로 도입하는 흔적의 종류에는 사건 부지의 흔적(trace of the site), 희생자의 흔적(trace of the victims), 역사적 기록의 흔적(trace of the traditional records)이 있다. 사건 부지의 흔적이 가장 강렬한 기억의 대면을 불러오는 요소라면, 희생자의 흔적은 비극으로 인해 존재하지 않는 희생자의 개인 유품이나 사진, 영상 등을 전시 요소로 사용함으로써 재난에 대한 기억을 떠올리게 하는 것이다. 역사적 기록의 흔적은 트라우마를 일으키는 사건의 역사적 진실규명과 관련한 사실(fact)에 근거한 사료들과 정보들을 통해 비극적 사건을 객관적으로 대면하게 하는 것이다(우지연, 2006: 113-121).

물론 사건 부지의 흔적과 관련해 그것을 특정할 수 없는 경우가 있다. 예를 들어 앞서 사례로 살펴본 가습기살균제 참사나 탈리도마이드 사건 경우 참사가 여러 지역에서 오랜 시간에 걸쳐 발생하였기 때문에 장소를 매개로 기억 공간을 조성할 수 없는 어려움이 있는 것이다. 이 경우 추모기념관이 사건의 진실과는 아무런 관련이 없는 곳에 조성될 수 있다는 점은 기억 공간 조성에서 가장 논쟁적인 주제가 될 수 있다. 하지만 『기억의 공간』의 저자 피에르 노라는 기억의 장소는 보존되는 것이 아니라 만들어지는 것이라고 말한다. 기억의 장소는 기억을 장소화하려는 사람들의 의지와 노력에 의해 성취된다는 것이다. 추모기념관은 죽어간 이들의 부재와 사랑하는 가족을 잃고 가족이 해체되는 고통을 겪은 유가족들, 현재도 고통 중에 있는 건강피해경험자들의 기억과 대면하기 위한 공간이다. 아무 잘못도 없이 목숨을 잃거나 현재도 질환으로 고통받고 있는 피해자들의 기억과 대면하는 공간의 마련은 피해자들에 고통에 대한 공감과 성찰을 통해 같은 사건이 또다시 발생하지 않도록 하는 데 기여할 수 있다.

역사적 기록의 흔적과 관련해 대부분의 사회적 재난은 현재진행형이라는 특성에서 출발할 필요가 있다. 피해자가 현재도 발생하고 있고, 이미 인정된 피해도 잠재적이고 장기적으로 나타날 가능성이 매우 높다. 사회적 재난의 이러한 특성으로 인해 추모기념관의 주요 기능 중의 하나로 자료와 정보의 보존 및 활용, 조사연구 기능이 반드시 포함될 필요가 있다. 자료와 정보는 기억과의 대면을 위해 추모기념관이 갖추어야 할 공간 요소 중의 하나다. 추모기념관은 현재까지 수집·생산된 참사 관련 자료만이 아니라, 앞으로 생산될 자료까지 수집·보존·기록할 수 있는 기능을 갖추어서 한시적 국가기구의 조사가 끝난 이후에도 추가조사를 할 수 있는 가능성을 확보해야 한다. 다시 말해, 추모기념관은 추가조사를 위한 기록과 연구, 피해구제, 재발 방지를 위한 조치 등 후속 과제를 추진하는 거점 공간으로 기능할 필요가 있다.

3 국내외의 추모기념관

한국행정연구원은 「재난 추모사업 운영실태 및 개선방안 연구」(2020) 보고서에서 재난 추모기념사업 시설을 추모기념관, 추모기념비, 추모기념공원, 상징조형물, 봉안위령시설 등 다섯 가지로 분류하고 있다. 다섯 가지 추모시설을 기준으로 국내외 재난참사들을 비교해 보면 〈표 15〉와 같다.

먼저, 4·16 세월호 참사의 경우는 인천 부평구에 별도의 일반인 추모기념관이 마련되어 일반인 희생자들을 위한 봉안실과 전시관이 운영되고 있다. 〈4·16생명안전공원〉은 4·16 세월호 참사 관련한 추모관, 추모공원, 추모비, 상징조형물, 봉안 위령시설 등을 포함하여 안산시에 설립될 예정이다. 목포와 진도에서도 4·16 세월호 참사 관련 추모기념시설 마련을 위한 협의가 해당 지자체와 진행 중에 있다.

〈표 18〉 국내외 재난참사 추모기념시설 비교

구분	국 내			국 외		
사건명	4·16 세월호 참사	대구 지하철 참사	원진레이온 직업병 사건	미나마타병 사건	AZF 폭발 사고	탈리도마이드 사건
기념관	인천 추모 생명안전 공원(안산) 진도 추모관	시민안전 테마파크 (2008)	녹색병원 (서울 면목동) 지역복지관 (경기 구리시)	자료관	사고 현장 추모관 건립[28]	없음
추모공원	건립 예정	시민안전 테마파크 내	없음	메모리얼 파크	사고 현장 memorial 공원 조성	영국 추모공원 (Cardiff)
추모 (기념)비	4·16생명안전 공원에 설치 예정	시민안전 테마파크 내	없음	메모리얼 파크 내 존재	memorial 공원	영국[29]
상징 조형물	4·16생명안전 공원 설치 예정[30]	추모의 벽 (사고 현장)	녹색병원[31]	메모리얼 파크 내	memorial 공원 [32]	독일
봉안위령 시설	4·16생명안전 공원 안치 예정 (갈등으로 늦춰짐)	시민안전 테마파크 안치 예정 (갈등으로 늦춰짐)	없음	자료관 내 사진 봉안	없음	없음

28 AZF 폭발 사고의 추모기념시설로는 공원, 기념비, 기념상, 자료관, 체험관, 연구소, 수장고, 복합문화센터, 편익시설이 있고, 그랑 툴루즈(Grand Toulouse)라는 범툴루즈 시정부 소속으로 건립되었거나 건립될 것으로 파악되고 있다.

29 영국의 탈리도마이드 추모공원(Thalidomide Memorial)은 카디프 카운티 의회(Cardiff County Council)의 동의에 의해 추진되었고, 영국 카디프(Cardiff) 카운티의 Cathays Park 내에 마련되어 있다. 추모시설 건립을 위한 모금운동이 진행되었고, 국제적인 스포츠 선수, 교수, 은행, 보험회사, 스타디움 이사회, 탈리도마이드 신용기금의 이사장과 이사 등이 참여했다. 영국 추모비와 추모공원 조성에는 2000년부터 노력한 장애인권운동가인 Mosaleen Moriatry-Simmons OBE의 헌신이 있었다.

30 「4·16생명안전공원 시민지침서」에서는 상징조형물 제작 시 고려할 내용으로 세월호 배 상징물, 노란리본, 희생자의 나무, 빈 책상과 의자, 희생자의 이름, 별 등의 순위로 기재하고 있다. 주 진입로 등 외부에서 직관적으로 인식 가능한 곳에 설치할 것을 제안하고 있다.

31 서울 면목동 소재 녹색병원 내에 병원 설립 과정을 소개하는 기억 조형 동판이 설치되어 있다.

32 AZF 폭발 사고의 상징조형물은 397개의 쇠로 된 막대기들의 거대한 원기둥을 둘러 세운 형태로 폭발 당시와 같은 분화구를 형상화하고 있다.

〈그림 13〉 인천 세월호 일반인 추모관 분향소 및 스토리텔링 동판 사진

원진레이온 직업병 사건을 기억하기 위한 별도의 기념시설은 없다. 추모공원도, 추모비와 위령시설도 조성되어 있지 않다. 대신 원진레이온 노동자들의 투쟁의 성과로 1993년 11월 28일 설립된 산업은행과 노동부의 기금 관리를 위한 '원진직업병관리재단'이 있다. 원진직업병관리재단은 산업재해 직업병 환자 치료에 특화된 병원을 건립했다. 공장 폐업 이후 공장 부지가 재개발된 지역에 40병상 규모의 원진녹색병원이 들어섰으며, 이들의 재활과 사회적 관계 도모를 돕는 복지관을 함께 운영 중이다. 또한 서울 면목동에 400병상 규모의 종합병원인 녹색병원을 2차로 건립했는데, 현재 녹색병원은 사회적 약자들을 지원하는 상징적 의료시설로 자리매김하고 있다.[33] 녹색병원에는 노동자들을 유해한 화학물질로부터 보호하기 위한 목적의 연구소와 함께 원진레이온 직업병 판정과정의 긴 싸움을 기억하기 위한 상징조형물이 동판으로 설치되어 있다.

대구 지하철 참사의 경우는 2008년 대구광역시 주도로 팔공산에 〈시민안전테마파크〉가 개관되었고, 2015년 참사 현장인 대구 중앙로역에 추모의 벽이 설치되어 있다. 〈시민안전테마파크〉 내에 추모공원과 추모비가

33 사회적 약자의 지원 의료시설의 의미는 용산참사, 쌍용자동차해고노동자, 이주노동자 등 사회적 의제와 관련한 단식 등 직접행동 과정에서 의료적 치료가 필요한 경우 녹색병원에 입원하여 치료를 받고 있다.

설치되어 있는데, 봉안위령 시설은 〈시민안전테마파크〉에 설치될 예정이었으나 지역 주민들과의 갈등으로 조성되지 못하였다.[34] 상징조형물은 추모의 벽 사고 현장에 설치되어 있다.

미나마타병 사건의 봉안위령은 〈미나마타병 자료관〉 내부에 사망 희생자들의 얼굴 사진을 봉안의 의미를 담아 전시하고 있다. 그래서 〈미나마타병 자료관〉을 공식적인 추모기념관으로 볼 수 있다. 추모공원은 미나마타만을 매립한 장소에 메모리얼 파크가 조성되었고, 추모비 및 상징 조형물은 메모리얼 파크 내에 설치되어 있다.

미나마타병 사건의 경우 공식적인 추모기념관 건립을 위해 국가, 현, 시가 동시에 개입하지 않고 사업의 필요성에 의해 각각 추진되면서 공간 건립과 관련하여 차이들이 나타나고 있다. 미나마타시립 〈미나마타병 자료관〉의 건립 주체는 미나마타시다. 미나마타시가 건설한 것은 〈미나마타시립 미나마타병 자료관〉과 〈미나마타 메모리얼〉이지만 인접지에 구마모토현이 〈구마모토현 환경센터〉를 건설하고 환경문제에 관한 체험학습, 교육 연수, 환경문화 보급, 자료수집 사업을 실시하고 있다. 뒤늦게 국가가 〈미나마타병 정보센터〉를 설치하고 국가·구마모토현·미나마타시가 하나가 되어 공해문제나 환경문제에 대한 정보를 발신하고 배우기 위한 거점 〈배움의 언덕〉을 정비했다. 인접한 미나마타만 매립지는 〈에코파크 미나마타〉라는 공원과 운동장이 설치되고 미나마타병 희생자 위령비가 건설되었다. 에코파크 미나마타에서 미나마타병 위령제가 열리고 있다.

AZF 폭발 사고의 경우는 폭발 사고가 일어난 AZF 공장 부지에 추모공원이 조성되어 있다. 사고 이후 Total 그룹이 공장을 이전하면서 1유로라

---

34 유가족들은 팔공산 추모탑을 추모탑이라고 못 부르고 있는 형편이며, 교육적 차원에서 묘역이 조성되어야 한다는 입장을 가지고 있다(한국행정연구원, 2020).

〈그림 14〉 AZF 폭발 사고 추모비 및 추모조형물

〈그림 15〉 툴루즈 추모시설 맞은편 암연구소

는 상징적 금액으로 공장 부지를 툴루즈 시에 매각하면서 사고 장소에 추모공간이 조성된 것이다.[35] 원래는 공원, 기념비, 기념상, 기념관, 자료

35 2008년 그랑 툴루즈(Grand Toulouse)의 한 위원회 의결에서 AZF 부지에 추모시설 건립을 위한 75만 유로의 지원금을 인가하고, 이 시설을 Total을 옹호하고 Total에게 많은 지원을 받아온 AZF 옛 노동자들의 단체인 '추모와 연대(Mémoire et Solidarité)'가 운영하려 한다는 사실이 알려져서 논란이 된 바 있다. 그 후 Total이 AZF 부지를 1유로에 툴루즈시에

관, 체험관, 연구소, 수장고, 복합문화센터, 편익시설 등을 포함할 예정이었으나, AZF 공장 출신 노동자 추모모임과 지역 주민 추모모임 간의 갈등으로 인해 추모비, 추모공원, 기념상, 암연구소만 조성되었다. 현재 추모공원은 기억을 위한 최소한의 시설만 조성되어 있어 방문객들을 위한 콘텐츠를 지속적으로 제공하기가 어려운 형편으로 보인다.

추모조형물은 툴루즈 출신의 예술가 길레스 코난(Gilles Conan)과 벨기에 도시계획/건축 연구소(Laboratoire d'urbanisme et d'architecture)의 작품으로 397개의 쇠로 된 막대기들이 높이 4m, 지름 14m의 거대한 원기둥을 나타내는데 폭발 당시와 같은 분화구를 형상화하고 있다. 외부에 있는 쇠막대기는 4m, 중심에 위치한 가장 짧은 막대기의 높이는 50cm이다. 막대기 위에는 낮에는 오르간 음악이 저녁에는 붉은색이나 하얀색 빛이 무작위로 발산되게 구상되었다. 작품에 참여한 제롬 드콕(Jérôme Decock)은 생략적인 기법의 접근이라고 밝히고 있다. 조형물의 형태는 분화구라는 현실에 집중했고, 쇠막대기에는 사고로 사망한 31명의 피해자들의 이름이 적혀 있다.

탈리도마이드 사건의 경우는 영국에는 추모공원과 추모기념비가, 독일에는 상징조형물이 설치되어 있다. 영국의 탈리도마이드 추모공원 홈페이지는 Mosaleen Moriatry-Simmons OBE에 의해 관리되며, 온라인으로 추모할 공간이 있다. 탈리도마이드로 희생된 가족, 친구, 동료를 위한 사진과 추모글(Tribute)의 게시가 가능하다(Thalidomide Memorial, 2020). 한편, 독일에는 2012년 8월 21일 탈리도마이드 제작사인 Grünenthal 제약회사가 위치한 Stolberg의 문화센터에 the Sick Child라는 추모상이 마련되어 있다. 조각상은 2개의 네발 달린 의자 두 개가 놓여 있고, 의자 하나에는

매각한다는 내용의 계약서가 공개되었는데, 이에 대해 지역 공동체에서는 '비밀 합의'라고 비판하였다.

해표지증(phocomelia)을 가진 아이가 앉아 있다. 해표지증을 가진 아이는 고개가 기울이며 고통을 호소하는 모습이고, 비어 있는 의자에는 약으로 인해 태어나지 못한 아기를 나타내기 위해 비어 있다(Abrams, 2014; 한국행정연구원, 2020: 130-131).

여섯 가지 참사를 비교 분석한 결과 추모시설과 관련해서 몇 가지 특징들을 추출할 수 있다. 우선 4·16 세월호 참사의 경우 추모기념시설은 아직 조성이 완료된 상황은 아니지만 안산을 기반으로 인천, 목포, 진도 등 참사와 관련한 장소들에 다양한 형태의 추모시설들이 들어서 있거나, 계획되어 있다는 점이다. 원진레이온 직업병 사건의 경우 희생자들에 대한 직접적인 추모기념의 위령시설이 조성되지 않은 반면 재단을 구성하여 직업병 전문 치료 병원을 설립하고 연구소를 설립했다는 특징이 있었다. 병원 등 의료시설 외에도 직업병치료 의학 센터와 산업재해 연구소, 복지관 등이 설치되어 있다. 대구 지하철 참사 추모기념 시설의 경우 대구라는 단일 지역에 기반하고 있기 때문에 지자체의 사업 참여가 안정적이라는 점은 긍정적이었지만 유가족들의 요구가 지역 주민들과 갈등하면서 추모의 의미보다 시민안전공원이라는 테마를 중심으로 운영되고 있다는 한계가 있었다.

국외 사례로 미나마타병 사건의 경우 지역 지자체의 적극적 지역개발 과정과 연계된 추모시설의 운영, 자료관을 통한 계승적 의미의 부여가 이루어지고 있었다. 미나마타병 사건은 자료, 연구, 조사체계의 안정성을 기반으로 추모기념 콘텐츠들이 운영되고 있다는 특징이 있다. 미나마타병 사건에서는 학계와 피해자들이 연계되어 독립적인 학제를 구성하여 실제 대학을 중심으로 운영되고 있는 '미나마타학'에 주목할 필요가 있었다. 미나마타학은 "부정적인 유산으로서의 공해, 미나마타병을 미래에 살린다"라는 목적으로 개설된 학문으로서 전문연구자뿐만 아니라 지역민, 피해 당사자까지 참여하는 개방형 연구체제를 지향한다.

AZF 폭발 사고 사례는 지역 주민 희생자와 AZF 공장 노동자 희생자들 간의 갈등으로 인해 추모기념시설이 오랫동안 건립되지 못하는 한계가 드러났다. 추모단체들은 AZF 폭발 사고 추모의 역사를 지자체가 주민들이 모일 수 있는 하나의 통일된 장소를 강제하지 못한 실패의 역사라 평가하고 있다. AZF 폭발 사고는 추모기념관의 조성에서 피해자 단체 간 갈등, 지역사회와의 갈등을 해결하는 것이 얼마나 중요한지를 보여주는 사례라고 할 것이다.

탈리도마이드 사건의 경우 상징적인 조형물과 추모공간 설치 정도에 그치고 있지만 영국의 추모비와 추모공원 조성 과정에는 2000년부터 추모사업 추진 캠페인을 벌여 의회 청원 등 시민들의 지지를 끌어낸 장애인권운동가 Mosaleen Moriatry-Simmons OBE의 헌신적인 노력이 있었다. 탈리도마이드 사건의 경우는 추모사업의 추진에서 사회적 지지를 끌어내는 것이 매우 중요하다는 것을 보여주는 사례라고 할 수 있다.

4·16 세월호 참사의 경우 추모기념시설 조성과정에서 몇 가지 특징적인 요소를 가지고 있었다. 우선, 시민참여를 통해 추모기념시설들이 조성되고 있다는 특징이 있다. 시민들이 참여를 통해 '시민지침서'를 마련하였다는 점, 이 지침서를 통해 실제적인 시설 구성 공모 과정에서부터 시민들의 의견을 반영하였다는 점 등은 추모기념관의 콘텐츠 운영 과정에서도 많은 시민들의 참여를 유도할 수 있다는 점에서 장점으로 꼽힌다. 현재 4·16 세월호 참사의 경우는 공모를 통한 추모기념시설의 기본방향과 설계가 마련되어 있다.

두 번째 특징은 상징적인 장소들 곳곳에 추모기념시설들이 들어서고 있다는 점이다. 진도와 목포는 참사가 발생한 현장이기도 하지만 오랜 인양작업 과정에서 국민적 기원이 가장 오랜 기간 머물렀던 기억의 장소이기도 하다. 안산은 가장 많은 희생자들이 발생했다는 점에서 희생자들을 대표하는 추모공간으로서 대표성을 가진다. 인천은 다수의 일반인 희생자가 나왔던 지역으로서 일반인 희생자들을 추모하는 공간이자, 세월호가 출발했던 장소다. 이러한 각각의 기억 장소들에 추모기념시설이 들어섰거나 들어서고 있다. 4·16 세월호 참사의 경우는 참사를 기억하고, 희생자들을 애도하는 공간들이 넓게 포진되어 있어서 참사에 대한 관심을 전국화하는 데 기여할 것으로 예상되며, 사건의 입체적 기억과 전승을 위해 서로 교환되는 콘텐츠 개발에 긍정적으로 작용할 수 있을 것으로 보인다.

하지만, 〈4·16생명안전공원〉 내에 설치할 예정인 봉안 위령 시설은 여전히 안산 지역 주민들과 갈등을 빚고 있다. 한국의 추모기념시설은 봉안, 위령 시설이라는 인식으로 인해 지역 주민들과 갈등관계를 맺게 되는데, 많은 시민들의 참여에도 불구하고 〈4·16생명안전공원〉도 이러한 현실적 어려움에서 벗어나지 못하고 있는 것이다. 특히, 안산의 추모시설 건립 과정에서 이전의 재난 추모사업보다 폭넓은 참여와 소통이 이루어졌음에도 불구하고 지방선거에서의 쟁점 부각 등 정치 관계 집단이 개입하고 이념적인 반대도 나타나고 있었다(한국행정연구원, 2020). 안산 화랑유원지 건립을 반대하는 지역 주민들의 다수 의견은 지가하락 등 지역경제의 부정적인 영향에 대한 우려였다. 인근 지역 주민 이외의 반대 표명 주민들은 추모공원 건립이 정치 집단 개입으로 지역사회에 부정적인 영향을 미칠 것이라는 우려 때문인 것으로 조사되고 있다.

국외 사례인 미나마타병 추모기념 시설들을 살펴보면 미나마타만 매립지에 〈에코 파크 미나마타〉라는 공원과 운동장이 설치되고 마나마타병 희생자 위령비가 세워져 있다. 공원 옆으로는 〈미나마타병 자료관〉이 위치해 있다. 여기에서 매년 5월 1일 시가 주최하는 미나마타병 위령제가 열린다. 미나마타병 추모기념시설과 콘텐츠 구성에서 특징적인 것은 〈미나마타병 자료관〉이 추모기념시설의 중심적 역할을 하고 있다는 점이다. 추모기념관 명칭에서 보여지듯 자료전시, 증언 등의 콘텐츠를 통해 추모기념시

〈표 19〉 추모기념관 콘텐츠 사례 비교

구분	4·16생명안전공원	미나마타병 자료관
목적	– 국민의 생명권을 지키는 국가의 책임을 되새기는 공간 – 참사와 희생자를 기억하고 추모하는 공간 – 누구나 편히 즐겨 찾는 문화공간 – 거부감 없는 시민친화 공간 – 안전과 생명존중을 배우는 공간 * 4·16생명안전공원 시설의 국제설계 공모와 관련하여 4·16생명안전재단의 지원으로 4·16세월호참사가족협의회와 4·16안산시민연대는 '국민설계 공모 시민지침서'를 작성하여 시설 설계의 기본방향과 지침을 제시하고 있음	– 개개인의 자각: 시민 한 사람 한 사람이 아름답고 안전하고 쾌적한 미나마타를 바라고 동시에 환경의 중요성을 자각함 – 모두의 협력: 그러한 아름다운 환경을 얻는 사람이 힘을 합쳐 활동하는 것이 무엇보다 중요 – 미래와 세계에 전하는 것: 게다가 미나마타의 자연풍토, 미나마타병의 사실, 또한 환경 복원에서 창조로 노력하는 시민의 활동을 자녀와 손자, 미나마타를 방문하는 사람들에게, 세계인에게 널리 알려줌에 따라 넓게 사회에 공헌 – 실현을 위한 구체성: 이 이념을 실현하기 위해서 미나마타 시민은 환경 모델도시 선언 하에 시민참여 기관을 설치하고 환경 모델도시 만들기 추진
전시	– 2020년 안산시 주도로 전시 프로그램 개발을 위한 용역 진행 – 시민지침서에서 제시하는 추모와 기억 사명을 통해 전시의 방향을 제시하고 있음. 국가의 무책임과 사회 시스템의 부재로 희생당한 304명의 희생자를 기억하고 그분들의 명예와 존엄, 그 희생으로 세워질 공간을 존중, 탈출하여 생존한 분들의 인내와 고통을 인식, 구조와 수색 그리고 가장 어려운 때에 도운 분들 희생과 노고 기억, 진실을 향한 노력과 투쟁이 생명존중과 안전사회 건설이라는 사회적 과제로 향하고 있다는 점과 고결한 희생의 가치들이 모든 사람에게 기억되기를 바람을 제시 – 인천 추모관은 '세월호 일반인 희생자 추모관(인천시 부평구 소재)'으로 시민 희생자들의 유품 전시 등을 하고 있음 – 진도는 컨테이너 박스가 보존되어 있음	〈상설전시〉 Ⅰ. 물고기 솟는 바다와 대기업: 1. 풍양의 바다, 2. 대기업 칫소와 미나마타시 Ⅱ. 미나마타병의 발생 · 확대: 3. 미나마타병 공식 확인, 4. 막을 수 없었던 배수, 5. 피해의 확대, 6. 곤궁한 피해자 Ⅲ. 미나마타병의 피해와 보상: 7. 미나마타병의 건강피해, 8. 피해자의 싸움과 인정 · 보상제도, 9. 미나마타병의 사회적 피해, 10. 환자의 입장에 서서(체험코너), 11. 환경 복원과 모야이나오시, 12. 영원한 기억 Ⅳ. 미나마타로부터 당신에게: 13. 환경 모델도시 미나마타, 14. 미나마타로부터의 발신과 제휴, 15. 수은에 관한 미나마타조약 〈기획전시〉 "내가 찍은 사랑스러운 미나마타 –시오다 타케시 사진자료전–" (2020년 1월 25일~3월 31일) "니이가타와 미나마타 –지장보살이 잇고 전하는 것–" (2019년 9월 21일~12월 15일) "미나마타병 자료관에서 본 30년 –헤이세이를 되돌아보고, 앞으로의 일을 생각하자–" (2019년 6월 15일~8월 31일)

전시		"스톡홀름에서 제네바로 –수은 오염 없는 세계로– 사카모토 시노부의 발자국" (2019년 1월 19일~5월 6일) "나의 미나마타 -오니즈카 이와오전–" (2018년 8월 25일~12월 28일)
교육	– 416재단을 통해 재난피해 안전관련 강사단 교육 진행(향후 416생명안전공원 교육 강사 육성 과정) – 희생자 가족들이 강사단 참여	– 환자나 가족이 구술자로 참여 '전달자'로 강의 1시간 정도 진행 – 마나마타현의 초등학교 5학년 시 지원으로 방문 – 연간 5만 명 방문
연구	– 중장기 과제로 준비 중이며 현재는 외부 용역으로 연구진행 중임	– 미나마타병 자료관에 연구는 운영되지 않고 있고, 구마모토대학원 대학의 마나마타학과 연계되어 있음.
홍보	– 화랑 유원지 인근 주민 등 안산 시민 대상으로 '명품공원 사업'에 대한 반대 여론 무마 홍보 활동	– 환자나 가족들의 구술자 체험 프로그램에 대한 홍보
추모 기념 시설 분포	– 인천 일반인 추모기념관 – 진도 콘테이너 추모기념시설 – 목포 추모기념관 건립 추진 중	– 구마모토 대학원 대학교 내 미타마타학과 개설 – 미나마타병 시립 자료관 – 미나마타병 역사고증관 – 국립미나마타병 종합연구센터 – 미나마타병 정보센터

설이 운영되고 있었다. 〈미나마타병 자료관〉을 중심에 두고 사건 희생자들을 기억하는 미나마타병 메모리얼이 있고 이 내부에 기념상과 기념비가 존재하고 있다. 프로그램에서 전시는 상설전시와 기획전시로 구분되어 진행되는데, 〈미나마타병 자료관〉은 일본어 외에도 한국어, 영어, 중국어로 번역된 홈페이지를 개설하여 사건을 알 수 있도록 정보를 제공하고 있다.

또한, 사건 피해자들의 구술은 자료관 방문자들에게 기억을 정확히 전달하는 역할을 하도록 제공되고 있다. 〈미나마타병 자료관〉은 "1994년 10월부터 미나마타병의 괴로움에 지지 않고 씩씩하게 사는 고귀함과 미나마타병에 대한 인식을 깊게 이해하도록 돕기 위해 환자 및 환자가족분께서 귀중 체험을 직접 청강할 수 있는 '가타리베 제도'"를 시행하고 있다. 현재 11명이'가타리베(구술자)'에 참여하고 있다고 한다. 미나마타현은 현의 예산으로 미나마타 지역 초등학교 5학년 전원을 대상으로 매년 〈미나마타병 자료관〉을 방문하도록 하고 있는데, 이 교육의 명칭은 '미나마타에서 배우는 히고코36 교실'이라 한다.

이러한 긍정적 요소에도 불구하고 〈미나마타병 자료관〉과 〈메모리얼 파크〉 조성은 지역 주민들과 충분한 의논 없이 진행되었는데, 이는 미나마타만을 매립하고 생태환경 도시로 이미지 변화를 시도하려는 지자체의 의도가 작용했기 때문이다.

4 4·16생명안전공원과 미나마타병 자료관 사례의 시사점

1) 집단적 기억의 형성과 현재화

4·16 세월호 참사와 미나마타병 사건의 추모기념관 콘텐츠는 피해와 희생에 대한 집단적 기억을 형성하기 위한 노력과 현재화를 위해 지속적인 사업으로서 전시, 교육 등의 사업을 진행하고 있다. 4·16 세월호 참사의 경우 추모와 기억 사명 선언에서 국가, 사회 시스템의 부조리로 희생당하였음을 기억의 사명으로 제시하고 있다. 이와 함께 생존한 분들의 인내

36 히고코의 의미는 '히고의 어린이'라는 뜻으로 히고는 현재 구마모토현이 7세기 때 생긴 나라의 명칭이다.

와 고통, 구조와 수색을 도운 분들의 희생과 노고, 진실을 향해 노력해 준 모든 사람들의 기억해야 함을 제시하고 있다. 국가, 사회 시스템 부조리의 기억은 현재와 미래의 안전할 권리에 대한 사회 의제를 동시에 제시하고 있다고 할 수 있다. 전시 세부 내용에서 유가족들의 헌신적인 노력을 강조하여 전시하겠다는 계획을 제시하고 있다.

미나마타병 사건의 경우, 대기업 칫소의 문제, 사건의 진실규명 과정에 대한 피해자들의 노력, 피해의 규모 등을 기억할 내용으로 제시해 주고 있다. '30년의 과거와 현재, 그리고 앞으로의 일을 생각하는 전시', '스톡홀름에서 제네바로-수은 오염 없는 세계로'라는 기획전시를 통해 수은 중독의 문제를 지속적으로 제기하며 환경오염에 대한 문제를 제기하고 있다.

2) 피해자 참여를 통한 치유공간으로서의 '공감장'

미나마타병 사건의 경우 봉안시설이 자료관에 존재하고 있고, 피해자들의 헌신적 노력을 사진이나 자료를 통해서 기억되도록 하고 있다. 또한, 1시간의 증언의 시간은 방문자들에게 피해의 고통을 생생하게 전달하는 기회가 되고 있다. 홀로코스트나 제노사이드 연구에서 증언은 '아래로부터 역사 운동'이라고 할 만큼 중요성이 강조되었다. 피해자의 증언을 국가와 사회가 듣는 것은 치유와 회복을 위한 중요한 과정이라 할 수 있다. 피해자들의 감정은 "내면의 산물이 아니라 사회적 산물"(김명희, 2019)로서 사회적으로 구성되어진다고 할 수 있다. 감정의 사회적 공감은 피해자들이 자신들의 이야기를 들어 주는 소통의 기회를 통해 치유의 과정으로 나아가는 계기가 되기도 한다.

4·16 세월호 참사의 경우 4·16 재단을 통해 유가족을 비롯한 시민들이

공원 조성 이전부터 강사단 교육을 통해 세월호 참사를 통해 우리 사회가 어떻게 노력할 것인가를 준비하고 있다. 추모기념시설에서 희생자들과 피해자들의 진실규명 노력이 전시, 증언을 통해 외부화되면서 사회적 기억으로 형성될 수 있다. 또한, 추모기념관이 '공감장'[37]으로 기능함으로써 피해자에게는 위로와 치유의 기회가 될 것으로 기대된다.

3) 자료를 활용한 재발 방지 시민 교육

〈4·16생명안전공원〉의 경우 참사와 희생자를 기억하고 추모하는 공간 외에도 조성 방향과 콘셉트에서 국민의 생명권을 지키는 국가의 책임을 되새기는 공간, 안전과 생명존중을 배우는 공간을 제시하고 있다. 미나마타병 자료관의 경우는 개개인의 자각, 모두의 협력, 환경복원에서 창조로 노력하는 시민의 활동을 자녀와 손자, 미나마타를 방문하는 사람들에게, 세계인에게 널리 알려줌에 따라 넓게 사회에 공헌하고, 이 이념을 실현하기 위해서 미나마타 시민은 환경 모델도시 선언 하에 시민참여 기관을 설치하고 환경 모델도시 만들기 추진하겠음을 밝히고 있다.

두 사례에서 중요한 것은 추모기념 공간이 시민들이 이용하는 소통 공간이 되도록 민, 관이 노력하고 있다는 것이다. 추모기념관에서 이루어지는 교육은 전시물기반학습(object-based learning) 기능과 이용자중심학습(audienced-centered learning)이 용이하기 때문에 교육적 효과가 높다(박희명,

37 모든 감정은 공감(共感, sympathy)이다. 공감장이란 그러한 공감의 발생적 조건이자 상이한 공감들이 마주치고 투쟁하는 관계의 망을 의미한다. 공감장은 동시에 '공감(들)의 장(the field of sympathies)'으로서 나타나고 작동한다(한순미, 2018). 김명희(2019)는 심리학주의나 생물학적 감정론을 비판하며 역사성과 사회성의 계기를 갖는 감정을 감성으로 칭하며 공감장을 통해 공통의 역사적 기억에 기초한 공감 현상들이 갖는 역사성, 사회성, 정치성과 문화성의 메커니즘을 확인할 수 있다고 보았다.

2014: 17). 추모기념관 건립의 목적이 분명히 드러나는 전시와 교육은 대부분의 참사에서 공통적으로 나타나는 국가, 기업, 사회의 역할 부재를 지적하면서 동시에 사회 구성원으로서 시민의 역할을 되새기게 할 수 있다. 국가, 기업, 사회의 역할이 부재할 때 사회적 신뢰를 회복하기 위한 공동체 복원에서 개별 시민의 역할이 중요하기 때문이다.

4) 통합 허브로서의 역할

〈미나마타병 자료관〉, 〈미나마타병 조사연구센터〉 등으로 이어지는 연구, 조사는 수십 년간 연구 자료가 축적됨으로써 재발 방지를 위한 사회적 노력으로 이어지고 있다. 유사한 환경적 재해가 발생하지 않도록 하는 재발 방지를 위한 성찰이 이루어지는 사회적 기억의 담수 공간이 되고 있다. 미나마타병 관련 여러 시설들이 각기 존재하면서도 추모기념관의 공식적 추모 공간은 미나마타병 자료관이다. 이곳에서 공식 추모제가 열리고 통합 허브로서의 역할을 하고 있다.

한국은 산업화 과정에서 원진레이온 직업병, 석면 피해 사건 등의 재해가 이미 발생하여 사회문제화되고 있다. 그동안 산업, 환경, 건강 관련 재해는 단일사례 지원에 머무르면서 자료를 포함한 재발 방지를 위한 성과들이 통합적으로 조성되지 못하였다. 예컨대, 아직 추모시설이 갖추어지지 못한 가습기살균제 참사의 경우 산업적, 환경적, 건강 관련 영역으로서 산업 환경 건강 관련 사회문제에 대한 중심적 시민적 재발 방지의 환경을 조성할 필요가 있다. 특히 생태공존의 가치를 효과적으로 연구, 교육할 수 있는 의제가 가능한 측면이 있다고 할 수 있다. 전문 기술이 연계된 연구, 교육이 축적된다면 재발 방지를 위한 안정적인 체계를 만들 수 있기 때문이다.

참고문헌

가타리, 펠릭스. 윤수종 역. 2003. 『세 가지 생태학』. 서울: 동문선 현대신서.

강상중. 2020. 『떠오른 국가와 버려진 국민』. 서울: 사계절.

고동현. 2015. 「사회적 재난으로서 허리케인 카트리나」. 『한국사회정책』. 22(1).

구연상. 2018. 「가습기살균제 사건. 재난(참사)인가 악행인가」. 『동서철학연구』. 89.

권설아 외. 2016. 「한국의 위기 대응과 정부 책임성 - 삼풍백화점. 대구지하철 화재. 세월호 참사를 중심으로」. *Crisisonomy*. 12(2).

김명희. 2019. 「재난의 감정정치와 추모의 사회학: 감정의 의료화를 넘어 사회적 치유로」. 『감성연구』. 19.

김민재. 2020. 「언론은 가습기살균제 참사를 어떻게 재현했는가: 보도 분석과 토픽모델링을 통한 프레임 분석」. 『환경사회학연구 ECO』. 20(1).

김병주 외. 2009. 「급성 간질성 폐렴의 전국적 현황 조사」. *Korean Journal of Pediatrics*. 52(3).

김상만. 2017. 「미나마타협약 이행을 위한 유럽연합(EU)의 「수은에 관한 규칙」 입법안에 대한 고찰」. 『법학연구』. 65.

김용화. 2016. 「환경독성학적 관점에서 본 가습기살균제 사건과 국가의 책임 - 고분자물질 등록 시험 자료 제출 면제 조항을 중심으로」. 『환경법과 정책』. 16.

김한균. 2015. 「피해자를 위한 나라는 없다 -국가범죄 피해자학적 관점에서 본 세월호참사 대응과제」. 『민주법학』. 58.

노진철. 2004. 「'압축적 근대화'와 구조화된 위험: 대구지하철재난을 중심으로」. 『경제와 사회』. 61.

문성제. 2014.「가습기살균제로 인한 피해와 국가의 위험관리책임」.『소비자문제연구』. 45(1).

문희정 · 주혜선 · 안현의. 2016.「재난으로 인한 외상성 상실에 대한 추모 현상 분석 - 세월호 사건을 중심으로」. *Crisisonomy*. 12(6).

박동욱 외. 2016.「가습기 살균제 폐손상 피해자의 살균제 노출 특성: 태아와 임산부 노출을 중심으로」.『한국환경보건학회지』. 42(3).

박정일 · 원종석. 2012.「행정규제부작위와 국가배상 - 가습기살균제사건에서 나타난 수거명령 해태·지연에 따른 피해발생과 관련하여」.『法과 政策』. 18.

박태현. 2016.「가습기 살균제 사건과 국가배상책임」.『환경법과 정책』. 16.

박희명. 2014.「기억의 전달을 위한 기념관의 역사교육」.『박물관교육연구』. 12.

4·16세월호참사 작가기록단. 2017.『재난을 묻다: 반복된 참사 꺼내온 기억 대한민국 재난 연대기』. 서해문집.

서윤경. 2019.「도시의 재난과 재현: 대구지하철 화재참사와 '기억공간' 분석」.『영어권문화연구』. 12(1).

우지연. 2013.「회복력 있는 도시: 트라우마를 다루는 공간디자인에 관한 연구」. 서울대학교 박사학위논문.

유해정. 2018.「재난정치와 애도」. 성공회대학교 박사학위논문.

윤간우. 2017.「이황화탄소중독 원진 환자의 정신건강」. 원산협 창립 30주년 기념 이황화탄소 중독증 연구논문 발표 심포지엄.

윤성은. 2017.「원진 산재환자들의 일상생활 경험에 대한 사례분석」. 원산협 창립 30주년 기념 이황화탄소 중독증 연구논문 발표 심포지엄.

윤성은. 2018.「산업화 초기 산재 피해자들의 삶의 경험과정 연구」. 성균관대학교 박사학위논문.

이동기. 2019.「'민주인권기념관' 건립구상」.『기억과 전망』. 40.

이동현. 2020.「화학물질 중독으로 인한 직업병의 산업재해 추이 및 현황 분석: 2001～2018년 직업병 인정사례를 중심으로」. 한성대학교 석사학위논문.

이영희. 2019.「가습기살균제 참사에 대한 사회적 해법의 모색」.『한국환경보건학회지』. 45(4).

2·18안전문화재단. 2016. 『2·18안전문화재단 2016활동백서』.
이재승. 2015. 「사죄의 수행상 오류」. 『민주법학』. 59.
이재승. 2016. 「세월호 참사와 피해자의 인권」. 『민주법학』. 60.
이타이 야에코(板井八重子). 이수정 옮김. 2016. 「미나마타병의 역사와 현재」. 『의료와 사회』. 5.
임기홍. 2020. 「재난 거버넌스의 정치적 동학」. 서울대학교 박사학위논문.
임상혁. 2016. 「원진레이온 이황화탄소(CS2) 중독 사건 소개」. 『대한직업환경의학회 학술대회 논문집』.
전종근 외. 2008. 「2006년 초에 유행한 소아 급성 간질성 폐렴」. *Korean Journal of Pediatrics*. 51(4).
정병은. 2017. 「원진 근로자 산재 소송개관」. 원산협 창립 30주년 기념 이황화탄소 중독증 연구논문 발표 심포지엄.
정휘민 · 윤간우 · 박경근 · 이윤근 · 김규연. 2016. 「원진레이온 이황화탄소 중독증 업무상재해 인정 퇴직 노동자에서 이황화탄소 노출량에 따른 질환의 유병률 연구」. 『대한직업환경의학회 학술대회 논문집』.
조주연 · 조현. 2017. 「이황화탄소 노출 환자에서 노출 정도에 따른 건강형태와 건강상태」. 원산협 창립 30주년 기념 이황화탄소 중독증 연구논문 발표 심포지엄.
진선영. 2019. 「가습기살균제 참사 피해구제를 위한 사회보장법적 접근」. 『사회보장법연구』. 8(2).
최예용 · 이인현. 2019. 「가습기살균제 참사와 미나마타병사건의 비교 고찰」. 『한국환경보건학회지』. 45(4).
한순민. 2018. 「공감장, 그 고요한 소용돌이」. 『감성연구』. 6.
현승효 · 이민규. 2020. 「정부조직의 책임은폐와 문제해결의 역학: 가습기 살균제 사건을 중심으로」. 『보건행정학회지』. 30(1).
대구광역시. 2005. 『대구지하철 중앙로역 화재사고백서』.
마이클스, 데이비드. 이홍상 역. 2009. 『청부과학: 환경·보건 분야의 전문가가 파헤친 자본과 과학의 위험한 뒷거래』. 서울: 이마고.
민주화운동기념사업회. 2006. 『세계의 역사기념시설』. 서울: 민주화운동기념사업회.
벡, 울리히. 이진우 역. 2010. 『글로벌 위험사회』. 서울: 길.

벡, 울리히. 홍성태 역. 2014.『위험사회-새로운 근대(성)을 향하여』. 서울: 새물결.
아스만, 알라이다. 변학수 · 채연숙 역. 2012.『기억의 공간』. 서울: 그린비.
전진성. 2005.『역사가 기억을 말하다』. 서울: 휴머니스트.
전진성 · 최호근 · 양금식. 2006.『세계의 역사기념시설』. 민주화운동기념사업회.
정근식 편. 2016.『전쟁 기억과 기념의 문화정치』. 서울: 진인진.
정호기. 2007.『한국의 역사기념시설』. 서울: 민주화운동기념사업회.
중앙특별지원단. 2003.『대구지하철참사수습 중앙특별지원단 활동백서』.
홍성태·안흥섭·박흥신·한미 파슨스. 2006.『삼풍사고 10년 교훈과 과제』. 서울: 보문각.

Ahrens, Joachim and Rudolph, Patrick M. 2006. "The Importance of Governance in Risk Reduction and Disaster Management". *Journal of Contingencies and Crisis Management*. 14(4).
Ansell, Chris and Alison, Gash. 2008. "Collaborative Governance in Theory and Practice". *Journal of Public Administration Research and Theory*. 18(4).
Arnstein, Sherry R. 1969. "A Ladder Of Citizen Participation". *Journal of the American Institute of Planners*. 35(4).
Birmes, Philippe J. · Brunet, Alain · Coppin-Calmes, Dominique · Arbus, Christophe · Coppin, Dominique · Charlet, Jean-Paul · Vinnemann, Nathalie · Juchet, Henri · Lauque, Dominique and Schmitt, Laurent. 2005. "Symptoms of peritraumatic and acute traumatic stress among victims of an industrial disaster". *Psychiatr Ser*. 56.
Chance, Honor and Chotard, Amandine. 2013. "la gestion de la post-catastrophe". l'Institut de Veille Sanitaire/InVS.
Clark, Nigel. 2005. "Disaster and Generosity". *The Geographical Journal*. 171(4).
Diène, Eloi · Geoffroy-Perez, Béatrice · Cohidon, Christine · Gauvin, Stéphanie · Carton, Matthieu · Fouquet, Aurélie · Fatras, Jean-Yves and Imbernon, Ellen. 2014. "Psychotropic drug use in a cohort of workers 4 years after an industrial disaster in France". *J Trauma Stress*. 27.

Godeau, Emmanuelle · Vignes, Céline · Navarro, Félix · Iachan, Ronaldo · Ross, Jim · Pasquier, Colin and Guinard, Anne. 2005. “Effects of a large-scale industrial disaster on rates of symptoms consistent with post-traumatic stress disorders among schoolchildren in Toulouse”. *Arch Pediatr Adolesc Med.* 159(6).

Lang, Thierry · Schwoebel, Valérie · Diène, Eloi · Bauvin, Eric and Garrigue, Eric *et al.* 2007. “Assessing post-disaster consequences for health at the population level: experience from the AZF factory explosion in Toulouse”. *J Epidemiol Community Health.* 61(2).

l'Institut de Veille Sanitaire/InVS a. 2006. “Conséquences sanitaires de l'explosion survenue à l'usine “AZF” le 21 septembre 2001”. 2001. 9.

l'Institut de Veille Sanitaire/InVS b. 2006. “Conséquences sanitaires de l'explosion survenue à l'usine “AZF” le 21 septembre 2001”. 2006. 10. https://www.viepublique.fr/sites/default/files/rapport/pdf/064000789.pdf

Mansour, Sahar · Baple, Emma and Hall, Christine M. 2019. “A clinical review and introduction of the diagnostic algorithm for thalidomide embryopathy”. *Journal of Hand Surgery (European Volume).* 44(1).

McBride, W. 2004. “Health of thalidomide victims and their progeny”. *The Lancet.* 9403(3).

Morom, Adriana and Invernizzi, Noela. 2017. “The thalidomide tragedy: the struggle for victim's rights and improved pharmaceutical regulation”. *História, Ciências, Saúde – Manguinhos,* Rio de Janeiro. 24(3). http://www.scielo.br/hcsm (검색일: 2020. 9. 23.)

Morrison, D. 2020. “Poor balance. bilateral upper limb phocomelia, no previous exercise: a challenging combination for fall prevention in a middle-aged thalidomide survivor”. BMJ Case Rep.

Petak, William J. 1985. “Emergency Management: A Challenge for Public Administration”. *Public Administration Review.* 45.

Picou, Steven J. · Marshall, Brent K. and Gil, Duane A. 2004. “Disaster. litigation and the Corrosive Community”. *Social Forces.* 82(4).

Reich, Michael R. 1982. *Toxic Politics: A Comparative Study of Public and Private Responses to Chemical Disasters in the United States, Italy, and Japan*. Dissertation Paper of Yale University.

Sakamoto, Mineshi · Itai, Takaaki and Murata, Katsuyuki. 2017. "Effects of Prenatal Methylmercury Exposure: From Minamata Disease to Environmental Health Studies". *Nihon Eiseigaku Zasshi*. 72(3).

Schneider, Mark and Teske, Paul. 1992. "Toward a theory of the political entrepreneur: Evidence from local government". *American Political Science Review*. 86(3).

Thalidomide Victims Association of Canada. 2013. "Study on the Current Living Conditions of Canadian Thalidomide Survivors and Projections for the Future".

Tierney, Kathleen J. 2007. "From the Margins to the Mainstream? Disaster Research at the Crossroads". *Annual Review of Sociology*. 33.

Ulich, Beck. 1986. *Risikogesellschaft: Aufdem Weg in eine andere Moderne*. Frankfurt am Main: Surhkamp Verlag.

Yorifuji, Takashi · Takaoka, Shigeru and Grandjean, Philippe. 2018. "Accelerated functional losses in ageing congenital Minamata disease patients". *In Neurotoxicology and Teratology*. 69.

[사참위 및 정부 보고서 및 자료집]

가습기살균제사건과4·16세월호참사특별조사위원회. 2018.『가습기살균제참사 설명자료』.

가습기살균제사건과4·16세월호참사특별조사위원회. 2018.『가습기살균제 피해가정 실태조사』.

가습기살균제사건과4.16세월호참사특별조사위원회. 2019.『가습기살균제 심리지원 방안 연구』.

가습기살균제사건과4·16세월호참사특별조사위원회. 2019.『국내외 유사참사 사례의 진상규명 결과 비교분석』.

가습기살균제사건과4·16세월호참사특별조사위원회. 2019.『2019 가습기살균제 참사 설명자료』.
가습기살균제사건과4·16세월호참사특별조사위원회. 2019.『2019 가습기살균제 피해가정 실태조사』.
가습기살균제사건과4·16세월호참사특별조사위원회. 2020.『재난추모사업 운영실태 및 개선방안연구』.
가습기살균제사건과4·16세월호참사특별조사위원회. 2020.『참사관련자료 보존 및 활용방안 연구』.
가습기살균제피해자대회준비위원회. 2018.『제7회 2018가습기살균제피해자대회 자료집』.
김용화 · 최예용 · 안종주. 2014.『가습기 살균제 사건의 원인. 대책 그리고 교훈』. 국회토론자료집.
대구광역시. 2006.『대구지하철참사 부상자 만성후유증관리를 위한 연구용역 최종보고서』.
㈔4·16세월호참사가족협의회 · 4·16안산시민연대. 2020.『4·16생명안전공원 국제설계공모 시민지침서』.
성공회대학교 산학협력단. 2012.『민주화운동기념관 건립 기본계획 수립 연구』.
세월호 선체조사위원회. 2018.『세월호 선체조사위원회 종합보고서 1권 침몰원인조사』.
신동혁 · 여기봉. 2016.『한국환경사회학회 학술대회 자료집』.
신동희 · 윤간우. 2013.『대한직업환경의학회 학술대회 논문집』.
안산정신건강트라우마센터. 2021.『4·16세월호참사 피해자의 건강 및 생활실태』.

[유엔 및 국제기구 보고서]

Brett, Sebastian *et al.* 2007. "*Memoralization and Democracy: State Policy and Civic Action*". ICT Report.
Fominaya, Flesher Cristina and Barberet, Rosemary. 2018. "The right to commemoration and "ideal victims": the puzzle of victim dissatisfaction with State-led commemoration after 9/11 and 3/11". *Critical Studies on Terrorism*. 11.

Lenoble, Clément. 2011. "Clarisse Durand. Introduction of frequency in France following the AZF accident". *Journal of Loss Prevention in the Process Industries*. Elsevier. 24(3).

OECD. 2012. "Disaster Risk Assessment and Risk Financing: A G20/OECD Methodological Framework". *OECD Report* (Nov. 7). https://www.oecd.org/gov/risk/g20oecdframeworkfordisasterriskmanagement.htm

OECD. 2020. "OECD Reviews of Public Health: Korea: A Healthier Tomorrow". *OECD Report* (March 31). https://www.oecd-ilibrary.org/social-issues-migration-health/oecd-reviews-of-public-health-korea_be2b7063-en

Shaheed, Farida. 2014. "*Report of the Special Rapporteur in the field of cultural rights. Farida Shaheed: Memoralization Processes*". U.N. Doc. A/HRC/25/47. (January 23).

Tuncak, Baskut. 2015. "End of Visit Statement by the United Nations Special Rappaorteur on human rights and hazardous substances and wastes, Baskut Tuncak (Republic of Korea 12-23 October 2015)". https://www.ohchr.org/EN/NewsEvents/Pages/DisplayNews.aspx?NewsID=16639&LangID=E (검색일: 2020. 10. 21.)

Tuncak, Baskut. 2015. "*Report of the Special Rapporteur on the implications for human rights of the environmentally sound management and disposal of hazardous substances and wastes, Baskut Tuncak*". U.N. Doc. A/HRC/30/40. (July 8).

Tuncak, Baskut. 2016. "*Report of the Special Rapporteur on the implications for human rights of the environmentally sound management and disposal of hazardous substances and wastes on its mission to the Republic of Korea*". U.N. Doc. A/HRC/33/41/Add.1. (August 3).

UNEP. 2019. "*Global Chemicals Outlook II: From Legacies to Innovative Solutions*". United Nations Environment Programme Report. (March 11). https://www.unenvironment.org/resources/report/global-chemicals-outlook-ii-legacies-innovative-solutions

[언론 미디어]

경향신문. 2016. 4. 29. "[가습기살균제 파문]대통령 나서자 … 새누리 "옥시, 부도덕함의 극치" 따라하기".

김기범 · 이삭. 2016. 5. 20. "옥시, 피해자에 '사과 간담회' 일방 통보 … 문자 대리 전송 '심부름'해 준 환경부". 『경향신문』.

김재중. 2013. 4. 16. "심상정 · 장하나, 가습기살균제 피해자 긴급구제 · 지원 결의안 국회제출". 『경향신문』.

남주원. 2020. 10. 13. "유엔, 지난 20년 사이 자연재해 2배↑. 원인은 기후재난". 뉴스펭귄.
http://www.newspenguin.com/news/articleView.html?idxno=3259 (검색일: 2020. 10. 21.)

동아일보. 2020. 1. 13. 옥시 "'가습기살균제 특별법' 헌법 원칙 위배 … 무한 책임 과도해".
https://www.donga.com/news/Society/article/all/ 20200113/99194085/1 (검색일: 2020. 11. 10.)

박홍두. 2016. 4. 27. "[가습기살균제 특별법 추진]청문회 성사 땐 늑장 조사 책임 문제 집중적으로 다룰 듯". 『경향신문』.

백인성 · 정희완. 2012. 9. 12. "'52명 사망' 가습기살균제 검찰 수사 나섰다". 『경향신문』.

안규미. 2020. "아프리카 화훼산업 동향과 과제". 『e-세계농업』 제1호 (2월) 한국농촌경제연구원.
https://www.krei.re.kr/wldagr/researchReportView.do?key=1170&pageType=00104&biblioId=522035

연합뉴스. 2014. 5. 13. "〈이대로는 안된다〉 ⑨ 해외 사례(프랑스)".
https://www.yna.co.kr/view/AKR20140428000900081 (검색일: 2020. 10. 1.)

연합뉴스. 2020. 6. 14. "'세월호 참사로 생업피해' 소송 낸 진도 어민들, 2심도 패소".
https://www.yna.co.kr/view/AKR20200612146100530?input=1179m (검색일: 2020. 9. 30.)

연합뉴스. 2020.10.24. "가습기 사건 등 고의적 기업범죄에 최대 9억 위자료".
https://www.yna.co.kr/view/AKR20161024075300004 (검색일: 2020. 8. 1.)

윤지아. 2016. 7. 25. “하태경 의원, 보건복지부 보유 의료 기록물 긴급 보존 요청”. 『베이비뉴스』.
인권하루소식. 2000. 9. 14. “산재추방 운동가의 죽음을 기리며”.
JTBC. 2016. “PGH, 개발국선 사람 없는 곳에서만 분무”. (5. 24.).
http://news.jtbc.joins.com/article/article.aspx?news_id=NB11239085 (검색일: 2020. 9. 30.)
KBS. 2016. 4. 29. “옥시, ‘가습기살균제 사망’ 책임 회피 위해 새 법인 설립 의혹”.
한겨레. 2017. 8. 17. “문재인 대통령이 고개를 숙이는 법”.
한남희. 2016. 4. 27. “호서대, 옥시 가습기 살균제 실험 조작 의혹: 옥시 직원 집서 환기 상태 실험 … 2차 실험서 PHMG 미검출 보고”. 굿모닝충청.
허남설. 2020. 9. 24. “‘세월호 추모’ 조례 제정한 은평구, 김관홍 잠수사 추모비 건립 추진”.
http://news.khan.co.kr/kh_news/khan_art_view.html?art_id=202009241041001 (검색일: 2020. 10. 15.)

Connolly, Kate and Oltermann, Philip. 2015. “German thalidomide survivors continue fight for compensation”. The Guardian (Feb 23).
Dove, Frederick. 2011. “What's happened to Thalidomide babies?”. BBC (November 3).
https://www.bbc.com/news/magazine-15536544 (검색일: 2020. 9. 23.)
Hawkins, Belinda and Dunstan, Joseph. 2019. “Thalidomide survivors owed apology and compensation from Government”. ABC News (Mar 22). https://www.abc.net.au/news/2019-03-22/thalidomide-survivors-owed-apology-and-compensation-from-govt/10930738 (검색일: 2020. 10. 14.)
https://www.cbc.ca/news/health/thalidomide-explainer-1.4434746 (검색일: 2020. 9. 30.)
https://www.nytimes.com/2020/03/23/health/thalidomide-survivors-usa.html (검색일: 2020. 10. 1.)
https://www.theguardian.com/society/2015/feb/23/german-thalidomide-survivors-continue-fight-for-compensation (검색일: 2020. 9. 30.)

Schwartz, Daniel. 2017. "Thalidomide disaster: background to the compensation debate". CBC (December 9).

Thomas, Katie. 2020. "The Unseen Survivors of Thalidomide Want to Be Heard". the New York Times (March 23).

[인터넷 정보]

https://www.ictj.org

https://www.ohchr.org

https://www.thalidomidesociety.org

국립환경과학원 https://nier.go.kr (검색일: 2020.10.10.)

미나마타. https://minamata195651.jp/pdf/korean/kyokun_ko5.pdf

박현서. 2019. 1. 30. "한국 최초의 직업병종합센터 설립까지의 도정". 『건강미디어』. http://www.mediahealth.co.kr/news/articleView.html?idxno=573 (검색일: 2020. 10. 10.)

베를린. https://www.visitberlin.de/en

사회적참사특별조사위원회 http://socialdisasterscommission.go.kr (검색일: 2020. 10. 10.)

서성란. 2018. "죽음의 공장. 죽음을 부르는 직업병 원진레이온 사건". 웹진 민주주의. https://www.kdemo.or.kr/blog/location/post/2

한국환경산업기술원 가습기살균제 피해지원종합포털 https://www.keiti.re.kr (검색일: 2020. 10. 20.)

환경보건시민센터 홈페이지. http://eco-health.org/bbs/page.php?hid=list

환경부 국립환경과학원 "2020년 업무보고". 홈페이지 공개용 자료.

환경부 웹페이지 https://blog.naver.com/mesns/222003702445

환경부. 2020. 4. 8. 제4차 비상경제회의 개회 -「수출 활력 제고방안」 발표. http://me.go.kr/home/web/board/read.do?boardMasterId=1&boardId=1364010&menuId=286 (검색일: 2020. 10. 22.)

환경운동연합. 2020. 5. 14. "최소한의 화학물질 안전장치마저 지키지 못하는 환경부". http://kfem.or.kr/?p=206919 (검색일: 2020. 10. 22.)

[보도자료 및 성명서]

http://socialdisasterscommission.go.kr/news/report/Read.jsp?ntt_id=3830 (검색일: 2020. 10. 26.)

가습기살균제피해자와가족모임. 2017.『문재인 대통령님! 가습기살균제 참사 꼭 해결해 주십시오!』.

가습기살균제피해자와가족모임·환경보건시민센터. 2016.『이건 사과가 아니다. 감옥에나 가라! 옥시의 사과는 받지 않겠다!』.

사회적참사특별조사위원회. 2019.『2019년도 사회적참사 특별조사위원회 연구용역보고서』.

사회적참사특별조사위원회. 2019a.『가습기살균제 참사 진상규명 전국 순회전시회 시작』.

사회적참사특별조사위원회. 2019b.『사회적참사 특별조사위원회 국내 최초 가습기살균제참사 피해가정 실태조사 결과 발표』.

사회적참사특별조사위원회. 2019b.『포항지진. 제천화재 참사 피해자 심층면접조사 결과 발표』.

사회적참사특별조사위원회. 2019c.『엉터리 지원으로 이중 고통 겪는 가습기살균제 피해 사례 발표』.

사회적참사특별조사위원회. 2019d.『검찰수사 결과 환영하나 일부 기업과 정부 책임 미조사 등 미흡한 점 남아. 특조위. 가습기살균제 참사 진상규명에 매진하겠다』.

사회적참사특별조사위원회. 2019e.『가습기살균제 피해지원 제도 개선방안 발표 - 현행 제도 6가지 문제점 및 개선방안 7대 원칙 제시 -』.

사회적참사특별조사위원회. 2020.『가습기살균제 피해구제를 위한 특별법 개정안 조속통과 촉구』.

사회적참사특별조사위원회. 2020.『가습기살균제 피해규모 정밀조사 결과 발표』.

사회적참사특별조사위원회. 2020b.『최초 가습기살균제 개발경위 등 조사결과 발표』.

환경부. 2014.『가습기살균제 피해자 정부지원 대상 및 내용 확정』.

[기록물]

국회사무처. 2016. 8. 16.『제345회 국회(임시회) 가습기살균제사고진상규명과 피해구제및재발방지대책마련을위한국정조사특별위원회조사록: 피조사기관 국무조정실·산업통상자원부·환경부·국가기술표준원·국립환경과학원·한국환경산업기술원』.

국회사무처. 2016. 8. 29.『제345회 국회(임시회) 가습기살균제사고진상규명과 피해구제및재발방지대책마련을위한국정조사특별위원회회의록 제6호』.

국회사무처. 2018. 10. 29.『2018년도 국정감사 환경노동위원회회의록: 피감사기관 환경부 기상청』.

국회사무처. 2020. 1. 9.『법제사법위원회회의록』.

찾아보기

ㅅ

ㅇ

ㅈ